뇌 과학과
습관 디자인

박영배 지음

유원북스

뇌 과학과 습관 디자인

차 례

프롤로그 ·· 7

제1장 익숙함으로 향하는 행동의 습관   19

1. 뇌는 효율적으로 작동한다. ·· 21
2. 습관적인 행동은 어떻게 나오는가? ······································ 34
3. 사소한 습관이 나를 만든다. ·· 48
4. 알면서 행동하지 않는 이유는 무엇인가? ···························· 62
5. 나쁜 습관을 멈추게 할 수 있는가? ······································ 76

제2장 끊임없이 싸우는 마음의 습관   91

1. 마음이란 무엇인가? ·· 93
2. 생각도 습관이다. ·· 106
3. 감정은 조절이 가능한가? ·· 121
4. 충동, 욕망 그리고 습관 ·· 136
5. 중독의 출발점은 습관이다. ·· 150

제3장 미래를 지향하는 메타적 습관　　　　　　　165

　　1. 메타인지는 무엇인가? ·· 167
　　2. 문화는 사회적 습관이다. ·· 181
　　3. 디지털 활용과 디지털 디톡스 ···································· 194
　　4. 인공지능(AI) 시대와 메타인지 ·································· 207

제4장 익숙함에서 새로움의 창의적 습관　　　　　　221

　　1. 창의성은 무엇인가? ·· 223
　　2. 창의성의 신경과학적 메커니즘 ································ 234
　　3. 때로는 익숙하게 때로는 낯설게 ······························ 249
　　4. 창의성 향상 위한 습관 쌓기 ···································· 262

참고 문헌 ·· 275

프롤로그

"우리는 외부 세계를 보는 것이 아니라, 자신의 생각을 보는 것이다."

우리는 두 가지 눈을 가지고 있습니다. 감각의 눈과 뇌의 눈입니다. 감각의 눈은 세상을 보고, 뇌의 눈은 이를 이해하고 해석합니다. 우리가 보는 것은 외부 세계가 아닙니다. 그것은 마음의 눈으로 본 생각의 세계상입니다.

세계(世界)는 순서로 이루어진 시간(世)과 구획되어진 공간(界)을 의미합니다. 물리적 세계에는 배열된 원자와 숫자의 패턴만 존재할 뿐, 의미나 개념은 존재하지 않습니다. 우리에게 중요한 것은 보이는 그 자체가 아닙니다. 보이는 것이 우리에게 어떤 의미를 갖느냐가 중요합니다.

마음을 관장하는 뇌는 감각을 통해 입력된 정보를 바탕으로 자기 나름의 의미와 개념을 만들어냅니다. 즉, 뇌는 자신의 내적 시스템을 작동하여 외부 물리세계를 해석하고 의미와 개념을 창출하는 것입니다.

우리의 시각과 청각은 전체를 보고 듣는 것이 아닙니다. 우리는 단편적인 정보를 토대로 하나의 통합된 자신만의 광경을 만들어냅니다. 우리는 하루 중 1시간 30분 가량 눈을 깜박이지만, 뇌는 누락된 시간의 정보를 내적 시스템을 통해 채워 넣습니다.

밤에 꾸는 꿈은 외부 감각의 입력 없이도 내적 시스템의 영화를 상영하는 것과 같습니다. 뇌는 외부 세계와 단절된 딱딱한 뼛속 동굴에 갇혀 제한된 정보를 근거로 내면의 세상을 만들어냅니다. 그리고 진화를 위하여 생존과 번식이라는 대전략으로 외부 환경의 불확실성에 대처해 나갑니다.

이는 뇌가 마치 두개골 내부에 내장된 블랙박스와도 같습니다. 블랙박스는 입력된 정보를 가지고 자신의 시스템을 작동하여 지도상에 아웃풋을 표시합니다. 마찬가지로 뇌는 입력된 감각 정보를 바탕으로 자신만의 세계를 구성하고 그에 따라 행동합니다.

이러한 뇌의 작동 방식을 이해하는 것은 우리의 사고와 행동 패턴, 즉 습관을 디자인하는 데 중요한 기초가 됩니다. 이 책에서는 뇌 과학의 관점에서 우리의 인식과 행동을 살펴보고, 이를 바탕으로 더 나은 습관을 형성하는 방법을 탐구할 것입니다.

생명은 반복성과 새로움의 조화

생리학 분야에서 노벨상을 수상한 에델만_{Gerald Edelman}은 뇌 시스템이 만든 내면적 세상을 제2의 본성, 즉 '세컨드 네이처'라고 부릅니다. 퍼스트 네이처는 유전적 프로그램에 의해 타고나는 본능과 능력을 의미하며, 갓 태어난 아기의 자극과 반응 체계가 이에 해당한다고 할 수 있습니다. 반면, 세컨드 네이처는 인간이 삶을 영위하면서 획득한 각자의 기억과 경험, 그리고 학습을 통해 형성된 능력을 가리킵니다. 따라서 우리의 삶은 외부 환경을 내면화하여 자기만의 세계를 생성하는 과정이라고 할 수 있습니다. 외부 세상은 우리 마음속에 표상으로 자리 잡고, 동시에 우리는 외부 세상 속에 사물로서 존재하는 것입니다.

우리 인간은 현실세계와 교류하는 세컨드 네이처만으로 만족하지 않습니다. 인간은 불확실성이 가득한 현실세계보다는 더욱 안정적인 세상과 교류하기 위해 가상세계를 만들었습니다. 한 걸음 나아가, 인간은 자신의 본성을 인공지능_{AI}에까지 확장하려는 노력을 기울이고 있습니다. 이는 인간이 자신의 한계를 넘어서려는 끊임없는 시도로 볼 수 있습니다.

우리 뇌의 본성적인 내적 시스템은 의식적 자아와 비의식적 자아가 공동으로 운영하는 두 가지 체제로 이루어져 있습니다. 의식적 자아는 삶의 질적 향상을 위해 의사결정이나 새로움을 창출하는 판단적 영역을 담당하는 반면, 비의식적 자아는 삶의 항상성을 위해 일상적이고 기본적인 것에 대한 지속성을 유지하는 반복적 영역을 맡습니다. 이 두 체계는 별개의 영역이 아니라, 서로 조화를 이루며 부족한 부분을 상호 보완하여 우리의 삶이라는 하나의 결과물을 만들어 낸다고 할 수 있습니다.

이 책은 우리 삶의 뼈대가 되는 비의식적 자아, 특히 그 핵심인 습관에 더 많은 관심을 기울입니다. 습관은 단순히 일상적인 일에 대한 반복적인 행동의 결과가 아닙니다. 오히려 일상의 반복을 몸으로 익히면서 우리가 의미 있는 사람으로 성장하는 과정이라고 할 수 있습니다. 우리는 종종 중요한 일은 과대평가하고, 사소한 일은 과소평가하는 경향이 있지만, 사실 습관처럼 일상적이고 반복적인 것들이 우리 삶에 지대한 영향을 미친다는 사실을 잊지 말아야 합니다.

우리 삶의 풍경과 배경

우리는 종종 습관을 단조롭고 지루한 반복행위로 여겨 창의적인 활동을 방해하는 요소로 생각하곤 합니다. 그러나 창의성이란 새로운 방법으로 문제를 해결하는 능력이라는 점에서, 일관된 습관은 새로움을 찾는 데에 필요한 기반을 다져주며, 두 개념은 별개가 아닌 밀접한 관련이 있습니다.

인지심리학자 로버트 와이스버그Robert Weisberg 교수는 "창의성은 평범한 생각의 비범한 결과"라고 말합니다. 이는 창의성이 특별한 생각에서 비롯되는 것이 아니라, 평범한 생각을 적절한 상황에 적용함으로써 비범한 결과를 낳는다는 뜻입니다. 예를 들어, 물의 온도가 29도에서 1도 오를 때는 큰 변화가 없지만, 99도에서 1도 더 오르면 액체에서 기체로 변하는 것처럼, 같은 변화라도 상황에 따라 비범한 결과를 가져올 수 있습니다. 결국, 창의성은 일상적인 정보를 상황에 맞게 활용하여 획기적인 변화를 일으킬 수 있는 능력입니다.

따라서 창의성은 습관을 통해 축적된 기억과 정보를 바탕으로, 이를 상황에 맞게 인출하고 조합하는 능력이라 할 수 있습니다. 이를 위해서는 비의식적 자아가 일상에서 습득한 정보를 체계적으로 정리하고, 그 경계를 명확히 하는 훈련이 필요합니다. 이렇게 습관화된 정보를 바탕으로 의식적 자아는 미래를 예측하고 신속한 의사결정을 내리며, 습관의 경계를 넘어 새로운 아이디어를 발견하고 창의성을 발휘할 수 있습니다.

창의성은 기존의 습관을 뛰어넘어 새로움을 추구하는 과정입니다. 우리는 습관이라는 안정적인 기반 위에서 새로운 것을 발견하고, 이를 습관과 결합하여 더 높은 차원의 창의성을 발휘할 수 있습니다.

이러한 순환 과정은 습관과 창의성의 상호보완적 관계를 잘 보여줍니다.

결국, 어릴 적 익숙했던 환경과 경험, 즉 습관이 우리 삶의 토대가 되듯, 창의성도 습관을 통해 형성된 인지적 배경을 바탕으로 발현됩니다. 습관이 일상을 지탱하는 든든한 버팀목이 되어줄 때, 창의성은 그 위에서 자유롭게 움트며 우리의 삶을 더욱 풍성하게 만듭니다. 어릴 적 아름답던 풍경이 우리 삶의 배경이 되고, 이 배경이 다시 새로운 풍경을 창출해 우리의 삶을 더욱 풍요롭게 만드는 것입니다.

이해는 몸의 익숙함에서 온다.

우리가 어려움을 느끼는 이유는 그것이 몸에 익숙하지 않기 때문입니다. 어려움은 쉬움의 실타래가 뒤엉킨 덩어리와 같습니다. 이 덩어리를 풀어내기 위해서는 반복적인 노출과 접촉이 필요합니다. 자주 접할수록 익숙해지고, 그 익숙함이 몸에 배면 어려움의 덩어리를 해체할 수 있는 힘, 즉 이해력이 생깁니다. 이해력은 어려움 속에 숨겨진 쉬움의 실타래에서 일정한 패턴을 발견하고, 문제해결의 실마리를 찾아줍니다.

이해는 갈증을 해소하는 것과 비슷합니다. 갈증이 해소되면 더 이상 물이 필요하지 않듯, 이해가 되면 호기심이 사라지고 기억에서 쉽게 잊혀질 수 있습니다. 이는 이해가 그 자체로는 충분하지 않으며, 반드시 기억과 함께 가야 한다는 것을 의미합니다. 따라서 우리의 목표는 단순히 이해하는 것이 아니라, 그 이해를 몸에 배게 하는 것입니다.

이해에 도달하기 위해서는 반복이 필수적입니다. 생각을 반복하면 생각의 습관, 즉 개념이 형성되고, 그 개념이 깊어지는 과정에서 깨달음이 찾아옵니다. 그래서 이해는 단순히 하는 것이 아니라, 몸의 기억에서 비롯되는 것입니다.

결국, 우리는 뇌의 습관 전략을 통해 어려움이라는 에너지 소모가 큰 덩어리를 쉬움의 실타래로 바꿀 수 있습니다. 이 과정을 새로운 시각에서 바라볼 필요가 있습니다. 습관은 단순한 반복이 아니라, 몸의 기억을 통해 이해를 이끄는 방법이자, 어려움을 극복하는 전략입니다. 이처럼 익숙함의 힘을 통해 우리는 세상을 보다 쉽게 이해할 수 있게 됩니다.

삶은 전쟁과 같다.

이는 삶을 살아가는 과정 자체가 전쟁과 같으며, 전쟁에서 살아남기 위해서는 자신만의 전략과 전술이 필요하다는 깊은 통찰을 우리에게 제공합니다.

여러분이 잘 알다시피, 전쟁하면 가장 먼저 생각나는 명언이 있습니다. 바로 "적을 알고 나를 알면, 백번 싸워도 위태롭지 않다(지피지기 백전불태知彼知己 百戰不殆)."라는 손자병법의 구절입니다. 이 병법은 전쟁을 수행하는 방법에 관해 기술한 책이지만, 오늘날에는 정치, 경제, 문화 등 사회의 다방면으로 그 지혜가 확산 적용되고 있습니다.

이는 우리가 살아가면서 마주하는 다양한 도전과 역경을 일종의 적으로 간주하고, 그에 맞서 싸워나가야 한다는 것을 시사합니다. 삶의 본질을 꿰뚫어 보는 통찰은 우리에게 이러한 도전에서 승리할 수 있는 비법을 알려주는 지침과 같습니다.

우리의 삶에는 다양한 이중성이 내재되어 있습니다. 삶과 죽음, 선과 악, 안정과 유연함, 전체와 부분 등의 상반된 개념들이 공존하며, 우리는 이들 간의 균형과 조화를 이루며 살아가야 합니다. 이러한 균형을 깨뜨리는 요인들과 싸우기 위해서는 적절한 전략과 전술이 필요합니다.

시인 파블로 네루다Pablo Neruda는 인생을 긴 터널에 비유했습니다. 출생과 죽음이라는 시작과 끝은 분명하지만, 그 사이의 삶의 여정은 불확실하고 모호한 어둠으로 가득 차 있다는 것입니다. 우리는 이 터널과 같은 삶 속에서 저마다의 고유한 이야기를 써 내려갑니다.

하지만 인간에게는 유아기, 청년기, 중장년기, 노년기 등 생애주기가 존재하기에, 각 주기마다 비슷한 고민과 도전을 마주하게 됩니다. 손자孫子는 "승리는 반복되지 않는다(전승불복戰勝不復)."라고 강조하며, 한 번 승리한 병법으로 다시 이길 수 없음을 역설했습니다. 이를 삶에 적용해 본다면, 생애주기별로 우리가 집중해야 할 목표와 과제가 달라져야 한다는 것을 의미합니다.

인생은 속도가 아닌 방향의 문제입니다. 방향이 올바르다면 느리더라도 목적지에 도달할 수 있지만, 방향을 잘못 잡으면 아무리 빨리 간들 소용없습니다. 따라서 올바른 목표를 설정하고, 변화하는 환경에 맞춰 그 목표를 적절히 조정해 나가는 것이 중요합니다.

우리에게 주어진 삶이라는 전쟁터에서 승리하기 위해서는, 철저한 자기 이해와 환경 분석을 바탕으로 한 유연한 전략 수립이 필요할 것입니다. 손자병법을 비롯한 선현들의 지혜는 이 과정에서 우리에게 소중한 나침반이 되어 줄 것입니다.

삶의 체험과 뇌 과학의 접목

필자는 36년간의 군 복무를 마치고 전역한 예비역 장군으로, 대학교수, IT 국책연구소 연구원, 그리고 중소기업 CEO 등 다양한 분야에서 활동하며 습관의 중요성을 몸소 체험했습니다. 이 책은 그동안의 경험과 뇌 과학 지식을 바탕으로, 습관이 우리의 삶에 어떤 영향을 미치는지, 그리고 어떻게 습관을 디자인하여 성공적인 삶을 살 수 있는지에 대해 알아보고자 합니다.

첫 번째 장에서는 낯선 환경에서 익숙함을 추구하는 행동 습관에 대해 다룹니다. 뇌는 에너지 절약을 위해 반복되는 행동을 자동화하는데, 이것이 바로 습관의 원리입니다. 우리는 이러한 습관을 목표 지향적으로 형성하고, 필요에 따라 변화시킬 수 있어야 합니다. 이를 위해 습관과 목표 행동에 관한 뇌의 구조와 작동원리를 살펴보겠습니다.

두 번째 장에서는 마음의 습관, 즉 생각과 감정의 패턴에 대해 알아봅니다. 반복되는 생각은 개념이 되고, 치우친 개념은 편견으로 이어질 수 있습니다. 감정 또한 잘 다루지 않으면 삶의 질을 저하시킬 수 있습니다. 뇌 과학적 관점에서 마음의 작동원리를 이해하고, 긍정적인 마음 습관을 기르는 방법을 모색해 보겠습니다.

세 번째 장에서는 메타인지, 즉 자신의 사고과정을 모니터링하고 조절하는 고차원적 사고능력에 대해 다룹니다. 메타인지는 개인뿐 아니라 조직 문화와도 밀접한 관련이 있습니다. 특히 AI 시대를 맞아 개인과 조직 모두 유연한 적응력을 기르는 것이 중요해졌습니다. 이에 개인과 조직 차원에서 메타인지 능력을 향상시키는 방안을 제안하고자 합니다.

마지막 장에서는 창의적 습관, 즉 익숙한 것에서 새로움을 발견하는 능력에 대해 다루어 보겠습니다. 창의성은 습관을 통해 축적된 경험과 지식을 재조합하여 새로운 것을 만들어내는 힘입니다. 창의성의 개념과 습관과의 관계를 살펴보고, 창의력 계발을 위한 습관형성 전략을 알아보겠습니다.

싸우지 않고 이기는 습관 디자인

최근 뇌 과학 분야는 획기적으로 발전하여 뇌의 기능과 작동원리를 점차 밝혀내고 있습니다. 이는 양자기능영상fMRI, 뇌-컴퓨터 인터페이스BCI 등 첨단 실험장비의 비약적인 발전 덕분입니다. 이 책에서 설명하는 습관 관련 뇌 기능과 작동원리는 과학적 방법으로 실험되고 학술지에 게재된 데이터를 참고하였습니다. 하지만 이 책은 과학적 사실을 기반으로 하되, 현자들의 지혜와 필자의 경험을 종합한 인문학적 관점에서 내용을 구성하였습니다. 그래서 전문 학술용어보다는 일상적인 용어를 사용하여 쉽게 표현하고자 노력했습니다.

손자는 "먼저 이겨놓고 싸운다(선승구전先勝求戰)."라고 강조했습니다. 이는 사전에 철저히 준비하고 싸울 능력을 키워야 한다는 의미입니다. 우리가 상대할 대상은 총체적인 습관이 아니라, 삶에 도움이 되지 않는 나쁜 습관입니다. 뇌는 좋고 나쁨을 따지지 않고 우리의 생각과 행동에 반응할 뿐입니다. 따라서 '선승구전'의 의미를 습관에 적용해 보면, 나쁜 습관에 대항하기 위해 미리 좋은 습관을 길러야 한다는 것입니다. 좋은 습관을 적재적소에 배치하여 나쁜 습관을 감싸고 정밀하게 타격할 수 있어야 합니다. 그러면 전쟁터에서 치열하게 싸우지 않고도 주체적이고 창의적인 삶을 영위할 수 있습니다. 이것이 바로 이 책에서 제시하고자 하는 습관 디자인의 핵심 개념입니다.

손자병법의 '선승구전' 개념과 습관 디자인의 연관성을 좀 더 자세히 설명하자면, 우리는 좋은 습관을 길러 나쁜 습관에 맞서 싸울 준비를 해야 합니다. 마치 전쟁에서 승리하기 위해 병력을 훈련시키고 전략을 세우는 것처럼, 삶에서 승리하기 위해서는 체계적인 습관 디자인이 필요합니다. 이 책은 뇌 과학의 최신 연구결과와 혀자들의 지혜, 그리고 필자의 경험을 바탕으로 습관 디자인의 방향을 제시할 것입니다. 여러분이 이 책을 통해 자신만의 습관 디자인 전략을 세우고, 주체적이고 창의적인 삶을 개척하는 데 도움이 되기를 바랍니다.

익숙함으로 향하는
행동의 습관

1. 뇌는 효율적으로 작동한다.
2. 습관적인 행동은 어떻게 나오는가?
3. 사소한 습관이 나를 만든다.
4. 알면서 행동하지 않는 이유는 무엇인가?
5. 나쁜 습관을 멈추게 할 수 있는가?

제1장에서는 낯선 환경에서 익숙함을 추구하는 행동 습관에 대해 다룹니다. 뇌는 에너지 절약을 위해 반복되는 행동을 자동화하는데, 이것이 바로 습관의 원리입니다. 우리는 이러한 습관을 목표 지향적으로 형성하고, 필요에 따라 변화시킬 수 있어야 합니다. 이를 위해 습관과 목표 행동에 관한 뇌의 구조와 작동원리를 살펴보겠습니다.

1. 뇌는 효율적으로 작동한다.

아리스토텔레스는 "우리는 반복의 산물이다. 그러므로 탁월함은 특별한 행위가 아니라, 반복되는 습관의 결과다."라고 말했습니다. 이는 습관이 우리 삶에 미치는 강력한 영향을 강조하며, 반복되는 행동이 결국 우리를 탁월함의 길로 이끈다는 뜻입니다.

우리의 뇌는 몸무게의 약 2%에 불과한 1.4kg 정도이지만, 하루에 사용하는 전체 에너지의 약 20%를 소비합니다. 이는 신체의 다른 기관보다 20배 이상이나 많은 에너지를 필요로 한다는 뜻입니다. 뇌는 수백억 개의 신경세포들이 서로 연결되어 형성된 신경망을 통해 감각을 입력받고, 기억하며, 생각하고, 예측하며, 그 결과를 행동으로 표현하는 등 생명의 항상성을 조절하는 중요한 역할을 담당합니다.

이처럼 뇌는 생명 유지의 핵심적인 기능에 많은 에너지를 사용하지만, 신체의 다른 기능들도 정상적으로 활동할 수 있도록 에너지를 무한정 끌어다 사용할 수는 없습니다. 그래서 뇌는 에너지를 효율적으로 사용하기 위해 반복성을 가진 행동을 습관으로 만들어 에너지 절약형 시스템을 구축하게 되었습니다.

따라서 이 절에서는 습관이라는 반복적 행동이 단순히 반복에 그치는 것이 아니라, 생존을 위한 뇌의 에너지 효율화 전략임과 동시에 자연의 원리임을 살펴보고, 이것이 우리 삶에 어떤 영향을 미치는지 알아보고자 합니다.

미미함과 위대함의 양극성

우리가 사는 지구는 태양계에 속하는 8개의 행성 중 하나입니다. 밤하늘에 빛나는 수많은 별들은 각기 태양계와 비슷한 구조를 지니고 있습니다. 물론 행성이 없는 별들도 존재하지만, 이러한 별들이 수천억 개 모여 하나의 은하galaxy를 형성합니다. 즉, 하나의 은하에는 태양과 같은 별이 수천억 개 존재한다는 뜻입니다. 몇억 원이라는 금액은 쉽게 상상이 가지만, 몇억 개라는 숫자는 우리에게 매우 막연하게 느껴지곤 합니다. 더욱 놀라운 것은, 수천억 개의 별들이 모인 은하가 우주 전체에 수천억 개나 존재한다는 사실입니다. 다시 말해, 우주는 수천억 개의 은하로 이루어져 있으며, 그중 하나가 우리가 속한 은하인 밀키웨이Milky Way입니다.

우리 은하에는 수천억 개의 별들이 있고, 그중 하나가 태양계입니다. 그리고 태양을 중심으로 돌아가는 행성 중 하나가 바로 지구입니다. 현재까지 생명체가 발견된 곳은 지구뿐입니다. 이 생명체를 자세히 들여다보면, 미시적인 세포의 세계가 보입니다. 단백질, 지방, 탄수화물 등으로 이루어진 분자들, 그리고 이 분자들은 원자로 구성되어 있습니다. 원자는 핵과 전자로 구성되어 반복적으로 회전운동을 합니다. 이처럼 우리는 미시적 극소세계와 우주적 극대세계의 중간 지점에서 우리의 삶을 이어가고 있는 것입니다. 따라서 광활한 우주에 비하면 우리는 매우 왜소하지만, 동시에 원자로 구성된 미시적 세계에 비하면 엄청나게 큰 존재이기도 합니다.

고등학교 시절, 저는 입시 참고서인 성문종합영어의 독해 예문을 아직도 기억합니다. 그 예문은 달 표면에 최초로 착륙한 아폴로 11호의 승무원들이 느낀 점을 회고한 내용이었습니다. "우리는 광활한 우주를 바라보며 인간의 미미함을 느끼는 동시에, 인간의 위대함에 자부심을 갖는다." 이 문장을 제가 오랫동안 간직해 온 이유가 있습니다. 그것은 바로 미미함과 위대함이 동시에 존재하는 우주의 양극성 원리를 담고 있기 때문입니다. 미미하고 단순한 작동원리가 위대한 전체 시스템을 만들어 냅니다. 미시적인 원자에서 시작해, 위대한 물리세계와 생명세계를 창출하는 것입니다.

인간은 반복적인 호흡을 통해 식물에서 생성된 포도당을 섭취하여 에너지를 얻고, 생명의 항상성을 유지합니다. 그리고 신경세포들의 상호작용으로 출현한 생각을 통해 상상력이라는 힘을 만들어냅니다. 결국, 인간은 스스로 창출한 생각과 상상력을 바탕으로 우주선을 만들어내는 위대함을 실현해냅니다. 달에 첫발을 내디딘 순간은 또 다른 미미함이 위대함으로 이어지는 신호탄이 된 것입니다.

광활한 우주에는 거시적인 물리세계가 존재하며, 그 속의 지구는 신비로운 생명세계를 유지하고 있습니다. 지구 내부를 들여다보면, 미시적인 원자의 세계가 펼쳐지고 있습니다. 이러한 다층적인 세계에서는 셀 수 없이 다양한 현상들이 무수히 발생하고 있습니다. 하지만 그 현상들은 일일이 설명을 요구하지 않습니다. 왜냐하면 그 모든 현상의 근원에는 대칭성과 반복성이라는 원리가 작동하고 있기 때문입니다. 바로 이 대칭성과 반복성이, 미미함이 위대함을 잉태하는 우주의 작동원리를 제공해 주는 것입니다.

지식의 대칭구조를 쌓아라

대칭성symmetry은 불변성을 의미합니다. 어떤 대상이 특정 요인에 의해 변화하는 것처럼 보이지만, 결국 본질적으로는 변함이 없다는 뜻입니다. 다시 말해, 대칭이란 변화 이전과 이후의 상태가 동일하다는 것입니다. 그것이 그것인 것입니다. 원이나 정사각형 같은 도형은 아무리 회전시켜도 결국 같은 형태를 유지하는데, 이것이 기하학적 대칭성입니다. 물리세계에서는 시간에 따라 변하지 않는 에너지 보존법칙과 공간에 따라 변하지 않는 운동량 보존법칙이 있습니다. 이를 *상태의 대칭성*이라고 합니다. 이러한 대칭성은 단순한 형태나 상태의 불변성을 넘어, 자연의 근본적인 원리로 작동합니다. 기하학적 대칭성은 주변의 물체와 구조를 이해하는 데 도움을 주고, 상태의 대칭성은 물리법칙의 보편성을 설명하는 데 중요한 역할을 합니다.

생명체에서도 대칭성은 생존을 위한 본질적인 역할을 합니다. 신체구조는 좌우 대칭을 이루어야 안정성을 유지할 수 있습니다. 안정성이 확보되어야 몸의 균형을 잡고 효과적으로 이동할 수 있습니다. 이를 통해 앞으로 나아가 먹이를 구하거나, 위험한 상황에서 도망쳐 생명을 보존할 수 있습니다. 신체의 대칭은 생존에 필수적인 요소로 진화해온 것입니다. 예를 들어, 새의 날개는 양쪽 대칭을 이루어 쉽게 날아다니며 먹이를 찾습니다. DNA와 같은 나선구조의 대칭성은 유전정보를 안정적으로 보관하는 데에 기여합니다. 또한, 바이러스와 같은 병원체도 특정한 대칭구조를 가지고 있으며, 현대의학은 이를 모방한 대칭적 치료법을 개발해 활용하고 있습니다.

대칭성은 심리적으로도 균형과 조화를 제공해, 안정감과 아름다움을 느끼게 합니다. 우리 뇌는 대칭적인 패턴을 인식하고 기억하는 데에 더 효과적입니다. 따라서 대칭성은 애매한 정보를 기억이 가능한 형태로 바꾸는 데 활용됩니다. 대칭구조를 가진 문장은 오랫동안 기억에 남습니다. 이는 자연현상 자체가 대칭성을 지니고 있어서, 우리 뇌가 자연과 소통하며 그에 대한 친숙함을 느끼기 때문입니다.

우리는 획득한 정보를 대칭구조로 바꾸어 레고처럼 모듈화하면, 지식을 차곡차곡 쌓아 정리할 수 있습니다. 이렇게 하면 필요에 따라 지식을 모듈 단위로 분해하고 조립해 새로운 지식을 창출할 수 있습니다. 이러한 대칭성의 모듈화는 과학 발전에도 영향을 미쳤습니다. 예를 들어, 유럽의 석회암은 재질이 부드러워 대칭성의 모듈화를 구현하기 쉬운 특성으로 과학기술 발전을 이끌었고, 반면 동양에서는 단단한 화강암이 많아 모듈화보다는 내구성 위주의 대형화를 추구해 건축기술을 발전시켰습니다.

결국 대칭성은 물리세계와 생명세계에서 근본적인 원리로 작동합니다. 동시에 예술세계에서 미의 완전성을 추구하는 요소이기도 합니다. 따라서 대칭성의 원리는 자연계의 다양한 현상을 규명할 뿐만 아니라, 인간의 미적 완전성을 이루는 원리적 도구로도 활용되고 있는 것입니다.

반복은 앞으로 향하는 행진

반복성은 특정한 패턴이 일정한 간격으로 되풀이되는 것을 의미합니다. 즉, 같은 패턴이 동일한 결과를 반복적으로 도출해내는 과정을 말합니다. 대칭성은 반복되는 패턴을 미분하여 각각의 작은 변화를 분석하고, 그 결과를 적분하여 전체적인 구조를 형성합니다. 따라서 반복성과 대칭성은 상호 보완적이며 유기적으로 작용합니다. 대칭적인 구조는 자연스럽게 반복적인 패턴을 형성하여 반복성을 촉진하고, 반복성은 안정감과 조화를 느끼게 하여 대칭성에 대한 인식을 강화시켜 줍니다. 이처럼 반복성과 대칭성은 물리세계와 생명세계의 구조와 기능을 더 효율적으로 만들어 줍니다.

반복성은 우리 일상에서 흔히 볼 수 있는 현상입니다. 아침에 일어나기, 출근하기, 회사에서의 일상적인 업무 등 일상생활의 많은 부분에서 반복이 이루어집니다. 그러나 이처럼 반복되는 일상에 대해 사람들은 종종 깊이 생각하지 않고 그저 지나치곤 합니다. 오히려 반복성을 지루하고 귀찮다고 여기며, 때로는 이를 폄하하거나 무시하기도 합니다.

하지만 예를 들어, 계곡이나 골짜기를 흐르는 물이 시간이 지나면서 단단한 바위를 깎아내는 현상에서 이를 볼 수 있습니다. 중국 고사성어인 '수적석천水滴石穿'은 이를 잘 설명합니다. 이 말은 물방울이 끊임없이 떨어지면서 결국 바위에 구멍을 뚫는다는 의미입니다. 이러한 반복의 원리를 깨닫는 사람들은 이 현상을 간과하지 않고 그 속에서 중요한 교훈을 얻습니다.

현자들은 오래전부터 반복의 중요성을 통찰해 왔습니다. 이는 인간이 본능적으로 반복의 DNA를 가지고 있기 때문일 것입니다. 약

2,500년 전, 중국의 사상가 노자_{老子}는 도덕경에서 "천리 길도 한 걸음에서 시작된다_{千里之行 始於足下}."고 말했습니다. 이 말은 작은 한 걸음의 시작이 반복되면, 결국 위대한 목표에 도달할 수 있다는 의미입니다. 여기서 한 걸음, 한 걸음의 동작을 떠올려 봅시다.

한 걸음의 동작은 외형적으로 다음 걸음과 같아 보이지만, 이러한 동작들이 모여 궁극적으로는 설정한 목표에 도달하게 됩니다. 우리가 취미로 산에 오를 때, 혹은 군대에서 적진을 향해 이동할 때, 이러한 반복적인 행위가 결국 승리를 이끕니다. 산행에서의 한 걸음은 정상을 정복하는 성취감과 아름다운 풍경을 감상할 기회를 제공합니다. 전장에서의 한 걸음은 목표를 탈취하여 승리를 획득하는 과정입니다. 이것이 바로 반복의 힘입니다.

진리는 항상 우리 주변에 있다.

인류의 역사에서 인간의 존재 의미에 대한 새로운 생각이 태동한 것은 비교적 최근의 일입니다. 중세의 신_神 중심적 사고에서 벗어나, 과학적 사고로 산업혁명이 진행되면서 인간을 합리적으로 이해하려는 새로운 사고, 즉 계몽사상이 등장했습니다. 계몽_{啓蒙}은 무지와 어둠에서 벗어나 밝은 지식으로 나아가자는 의미를 담고 있습니다.

철학자 괴테_{Goethe}는 "진리는 항상 우리 주변에 있다."고 강조했습니다. 이는 자연과 일상생활에서 진리와 지혜를 발견할 수 있다는 전일주의全-主義 관점에서 나온 것입니다. 전일주의라는 용어는 다소 생소할 수 있지만, 이를 한자어로 풀어보면 쉽게 이해할 수 있습니다. '전체全'를 '하나-'로 본다는 것입니다. 즉, 전체는 상호 연결된 하나로, 전일주의는 전체와 부분의 관계뿐 아니라 이들이 상호작용하여 시너지 효과를 낸다는 개념입니다.

인간과 자연도 유기적으로 연결된 하나의 전체로, 인간은 끊임없이 변화하는 자연과 조화롭게 살아야 한다는 것입니다. 이러한 생각은 현대과학의 생태계 개념과도 연결됩니다. 따라서 자연 속에 흐르는 진리는 우리 일상과 깊이 연결되어 있으며, 누구나 주의 깊게 관찰하면 일상생활에서 삶의 원리와 지혜를 발견할 수 있습니다.

우리 일상에서 무심코 지나치는 자연의 원리를 살펴보겠습니다. 미시세계는 눈과 귀로 직접 경험할 수 없지만, 현대 과학기술이 전자 및 원자 현미경, X선 현미경 등을 통해 미세한 원자의 구조를 관찰할 수 있게 했습니다. 원자는 원자핵 주위를 전자가 끊임없이 반복 회전하는 대칭구조를 지니고 있습니다.

이러한 구조의 원자들이 일정한 형태로 결합하여 화학 분자와 세포를 구성하고, 이는 물질과 생명체를 이루는 기초가 됩니다. 전자와 광자는 입자이면서도 동시에 파동의 성질을 가지고 있어 파도처럼 진동하며 에너지를 전달합니다. 이러한 입자들의 반복적이고 대칭적인 운동이 자연계를 작동시키는 원리입니다. 또한, 결정구조를 가진 물질은 원자나 분자들이 규칙적으로 배열되어 있으며, 이러한 패턴적 구조가 고유한 특성을 나타내게 합니다.

우주도 단순한 순환 반복의 원리로 작동합니다. 태양계를 구성하는 행성들이 태양을 중심으로 공전하고 자전하는 운동이 그 예입니다. 이는 전자가 원자핵 주위를 도는 운동과 같은 원리입니다. 지구의 자전은 24시간이라는 하루의 주기를 만들고, 공전은 봄, 여름, 가을, 겨울이라는 1년의 주기를 만들어 끊임없이 순환합니다. 우주의 모든 에너지와 운동량은 새롭게 만들어지거나 사라지지 않고, 단지 한 형태에서 다른 형태로 변환될 뿐입니다. 당구공이 서로 부딪치며 점수는 획득하지만, 공들의 운동량은 변하지 않습니다. 자동차가 연료로 움직여도, 화학 에너지와 운동 에너지의 전체량은 변함이 없습니다. 이처럼 끊임없는 순환 반복하는 것이 우주의 보존법칙입니다.

생명의 세계에서도 순환 반복은 생명의 항상성 유지, 성장, 번식, 적응을 위해 필수적입니다. 식물은 광합성 작용을 통해 산소를 배출하고, 동물은 호흡을 통해 산소를 흡입하여 에너지를 생산하면서 이산화탄소를 배출합니다. 식물은 이 이산화탄소를 흡수하여 다시 광합성 작용을 합니다. 마치 끊임없이 돌아가는 바퀴처럼, 이러한 순환 구조 속에서 생명이 유지됩니다.

호흡의 들숨과 날숨, 심장의 박동과 휴식, 혈액의 순환 등 생명체의 다양한 활동도 순환 반복을 통해 이루어집니다. 또한, DNA 복제와 체세포 분열과정은 일정한 패턴으로 반복되어 생명체의 성장과 번식을 가능하게 합니다. 생명체들은 주변 환경에 적응하기 위해 수면과 각성 주기, 호르몬 분비 등 일주기 생체 리듬을 가지고 있습니다. 인간의 삶도 유아기, 청년기, 중년기, 노년기를 거치는 생애주기를 통해 자연과 조화를 이루고 있습니다. 이처럼 생명의 세계에서 이루어지는 순환 반복은 생명체가 지속적으로 번성하고 진화하는 밑거름이 됩니다.

우리는 둑방 길을 걸으며, 향기로운 꽃 주변을 맴도는 예쁜 나비를 자주 봅니다. 나비는 대칭적인 양쪽 날개를 단순하고 반복적으로 움직이며 자신의 삶을 이어갑니다. 이것은 가장 효율적으로 이동하면서 삶을 영위하는 방법입니다. 주변을 유심히 살펴보면, 다른 생명체들도 비슷한 방식으로 살아가고 있음을 알 수 있습니다. 따라서 우리는 삶이라는 여정 속에서 단순함과 성실함이라는 일상의 평범함에서 특별한 위대함을 찾는 노력을 게을리하지 말아야 할 것입니다.

우리 뇌는 움직임을 지휘한다.

우리 삶의 뼈대를 이루는 습관은 생물학적으로 우리의 몸에 기반을 두고 있습니다. 습관과 연관된 뇌의 작동원리를 이해하기 위해서는 먼저 뇌의 진화와 기능을 살펴볼 필요가 있습니다.

현대과학은 인간을 포함한 모든 생명체가 끊임없이 진화한다는 사실을 밝혀냈습니다. 진화는 생존과 번식을 위한 적응의 과정이며, 동물들의 움직임은 이 과정에서 중요한 역할을 합니다. 먹이를 찾고, 포식자를 피하며, 짝을 찾아 번식하는 행동들은 모두 뇌의 진화를 촉진해 왔습니다. 인간의 뇌 용량은 약 1,400cc로, 이는 침팬지의 뇌보다 약 4배나 큽니다. 이는 인간의 뇌가 진화 과정에서 더욱 복잡해지고, 기능이 확장되었음을 의미합니다.

뇌는 크게 대뇌, 소뇌, 뇌간 등으로 구성되어 있으며, 기억, 감정, 사고, 행동 등 다양한 기능을 담당합니다. 뇌에는 수백억 개의 신경세포들이 복잡한 네트워크를 형성하여 정보를 전달하고 처리합니다. 신경세포는 나무에 비유할 수 있습니다. 수상돌기는 나뭇가지로서 다른 신경세포로부터 신호를 받아, 나무줄기인 축삭을 통해 시냅스(연결부위)로 신호를 전달합니다. 감각기관의 입력정보는 전기신호로 전환되어 축삭을 통해 시냅스로 전달되며, 시냅스는 신경전달물질을 분비하여 다른 신경세포로 신호를 전달하는 전기화학적 과정을 거칩니다. 이 과정에서 뇌는 제한된 에너지를 효율적으로 사용하여 중요한 일에 집중합니다.

또한, 뇌는 신경 가소성이라는 특징을 가지고 있습니다. 가소성可塑性은 뇌가 신경조직을 스스로 바꾸는 능력을 의미합니다. 여기서 '소塑'는 형태를 바꾸는 것을 뜻합니다. 뇌는 하드웨어도, 소프트웨어도 아닌, 라이브웨어liveware입니다. 이는 반복적인 경험과 학습을 통해 뇌의 구조와 기능이 변화할 수 있음을 의미합니다. 이러한 신경 가소성은 습관의 형성과 밀접하게 관련되어 있습니다. 특정 행동을 반복할수록 관련된 신경회로가 강화되어 해당 행동이 점점 더 자동화됩니다.

우리의 삶은 의식적인 자아와 비의식적인 자아의 상호작용으로 이루어집니다. 습관은 주로 비의식적인 영역에서 작동하기 때문에, 우리가 의식하지 못하는 사이에 삶의 방향을 결정짓기도 합니다. 따라서 우리는 비의식적인 습관을 점검하고, 필요할 경우 의식적인 노력을 통해 이를 변화시켜야 합니다.

결론적으로, 습관은 뇌의 진화와 기능, 그리고 의식과 무의식의 상호작용 속에서 형성되고 유지됩니다. 뇌의 에너지 효율성과 신경 가소성은 습관 형성의 핵심요인입니다. 우리가 어떤 습관을 들이는지에 따라 삶의 질이 결정되므로, 건강하고 바람직한 습관을 키우기 위한 노력이 필요합니다.

2. 습관적인 행동은 어떻게 나오는가?

우리의 뇌는 에너지 소모를 최소화하기 위해 반복적인 행동을 습관으로 만듭니다. 습관은 의식적인 선택의 필요 없이 자동적으로 일어나는 행동의 지혜입니다. 이러한 습관은 우리가 일상생활에서 효율적으로 행동할 수 있게 해줍니다. 예를 들어, 프로 축구선수들은 공을 따라가는 것이 아니라, 공의 낙하지점을 미리 예측합니다. 이는 그들이 경기 상황을 내적인 습관 모델로 형성했기 때문입니다.

이처럼 습관은 목표 지향적인 행동을 더욱 효과적으로 수행하는 데 도움을 줍니다. 그러나 습관이 항상 긍정적인 것은 아닙니다. 나쁜 습관도 무의식적으로 우리의 행동을 지배할 수 있기 때문입니다. 그래서 어떤 습관을 기를지 의식적으로 선택하고 실천하는 것이 중요합니다. 작은 습관의 변화가 삶의 질을 크게 향상시킬 수 있습니다.

이번 절에서는 습관적 행동 형성에 대한 뇌의 작동원리를 살펴보고, 습관이 우리의 목표 지향적 행동에 어떤 영향을 미치는지 알아보도록 하겠습니다.

뇌는 복잡계입니다.

"무질서 속에 질서가 있다."는 말이 있습니다. 여기서 무질서는 혼잡계이고, 그 속에 있는 질서는 복잡계를 의미합니다. 복잡계는 구성요소 간에 복잡하게 얽혀 있는 것 같지만, 유기적인 상호작용을 통해 일정한 패턴을 만들어 냅니다. 반면, 혼잡계는 무질서하여 상호 간의 연결성도 없는 예측할 수 없는 상태로 특징 지울 수 있습니다.

우리의 뇌는 복잡계입니다. 뇌는 수백억 개의 신경세포와 그보다 훨씬 많은 수의 연결부위(시냅스)로 구성되어 있습니다. 각각의 신경세포는 수천 개의 다른 신경세포와 연결되어, 이들 사이에서 끊임없이 전기화학적 신호가 오가고 있습니다. 이러한 복잡한 연결망과 상호작용만 놓고 본다면 뇌는 혼잡계로 보일 수 있습니다. 하지만 뇌의 작동방식을 더 자세히 들여다보면, 이 복잡한 신경세포의 상호작용 속에서 일정한 질서와 패턴을 유지하고 있습니다.

뇌의 각 영역은 특정 기능에 특화되어 있습니다. 예를 들어, 시각 피질은 시각정보를, 청각피질은 청각정보를, 대뇌피질의 전두엽은 고차원적 사고와 의사결정을 담당합니다. 이렇게 기능적으로 특화되었다는 것은 무작위적인 연결이 아니라 조직적이고 체계적인 신경회로를 통해 이루어진다는 것을 의미합니다. 또한, 뇌는 학습과 경험을 통해 이러한 회로를 지속 조정하고 최적화하여 나갑니다. 이는 혼잡계에서 볼 수 없는 복잡계의 자기 조직화와 적응성을 보여주고 있는 것입니다.

더 나아가, 뇌는 개별 구성요소의 활동만으로는 설명할 수 없는 새로운 현상이 나타나는 창발적 특성을 보입니다. 의식, 감정, 추상적 사고와 같은 고차원적 인지기능은 수많은 신경세포의 집단적 작용에서 창발하는 특별한 현상입니다. 이는 단순히 많은 요소들이 무질서하게 흩어져 있는 혼잡계와는 달리, 복잡계에서 나타나는 중요한 특징입니다.

뇌는 외부 자극을 단순히 수동적으로 받아들이는 것이 아니라, 기존의 기억과 경험을 바탕으로 능동적으로 해석하고 의미를 부여합니다. 의미는 외부 물리세계에 존재하지 않습니다. 이는 뇌가 단순한 입출력 시스템인 하드웨어나 소프트웨어가 아니라, 내적인 시스템과 외부 입력정보를 통합하는 생물학적 시스템인 라이브웨어liveware임을 보여줍니다.

그러나 뇌는 완전한 예측 시스템은 아닙니다. 특히, 개별 신경세포나 작은 신경회로의 수준에서는 기능적 불확실성이 존재할 수 있습니다. 하지만 뇌는 이러한 미시적 불확실성에도 불구하고, 전체적으로 안정적이고 일관된 기능을 수행합니다. 이는 뇌가 단순히 개별 신경세포의 합이 아니라, 전체 시스템으로서 작동하며, 국소적인 변동을 상쇄하고 안정성을 유지하는 메커니즘을 가지고 있음을 의미합니다.

따라서 뇌는 혼잡계가 아닌 복잡계입니다. 뇌의 구성요소들은 복잡하게 상호작용하지만, 그 상호작용은 무작위적이지 않고 유기적이며 조직적입니다. 이를 통해 뇌는 안정성과 유연성을 동시에 가지고 변화되는 환경에 적응하면서도 일관된 기능을 유지할 수 있는 것입니다.

과학발전과 습관인식 변화

습관에 대한 인류의 관심은 고대부터 시작되었습니다. 아리스토텔레스는 습관을 '제2의 천성'이라 하였습니다. 이는 인간의 성격과 행동이 습관에 의해 형성되고 강화된다는 의미를 담고 있습니다. 인간은 타고난 본성과는 별개로 반복적인 행동이나 습관을 통해 새로운 성격이나 행동양식을 형성할 수 있다는 것입니다. 구약성서의 잠언에도 "마땅히 행할 길을 아이에게 가르치라. 그리하면 늙어도 그것을 떠나지 아니하리라."라고 기록하고 있습니다. 종교적 가르침에서도 습관을 윤리적 차원에서의 덕성으로 간주하였습니다.

과학문명이 발달하기 시작한 근대에 미국의 사상가 윌리엄 제임스William James는 그의 저서 「심리학의 원리The Principles of Psychology」에서 습관에 대해 새로운 접근법을 제시하였습니다. 그는 습관이 단순한 반복이 아니라, 신경계의 구조와 밀접하게 관련된다는 점을 강조했습니다. 그리고 습관은 개인의 도덕적 성품을 넘어 사회적 기능과 효율성에 중대한 영향을 미친다고 하였습니다. 또한, 습관은 자신이 의도적으로 개선할 수 있다고 주장하였습니다. 이는 습관에 대한 현대적 이해의 기초를 마련했다고 볼 수 있습니다.

20세기에 접어들어, 행동주의 심리학은 객관적으로 관찰 가능한 인간의 행동만을 연구대상으로 삼았습니다. 스키너B. F. Skinner를 비롯한 행동주의자들은 습관을 외부 자극과 반응의 관계로 설명하며, 강화와 처벌을 통해 행동을 형성하고 변화시킬 수 있다고 주장했습니다. 그러나 이 접근법은 복잡한 정신과정을 설명하는 데 한계를 보였습니다.

이후, 컴퓨터 과학과 정보이론의 발전으로 인지주의 심리학이 등장했습니다. 인지주의는 인간의 정신을 정보처리 시스템으로 이해하며, 정보의 수용, 저장, 인출과정에 주목했습니다. 이로 인해 습관에 대한 이해가 더욱 복잡해졌으며, 행동 형성과 유지에 있어 내적 인지과정의 중요성이 부각되었습니다. 이처럼 행동주의에서 인지주의로의 전환은 심리학이 외적 행동에서 내적 정신 과정으로 연구 초점을 확장하는 계기가 되었습니다.

과학기술의 발달과 함께 뇌 영상기술이 획기적으로 발전하였습니다. 이는 습관을 신경생물학적으로 연구를 본격적으로 시작한 계기가 되었습니다. 이 연구들은 대뇌의 기저핵이 습관 형성에 중요한 역할을 한다고 밝혔습니다. 기저핵基底核은 깊숙한 바닥에 세포체가 핵처럼 뭉쳐있는 덩어리라는 의미입니다. 기저핵은 무의식적인 반복적 행위를 조정하는 데 관련이 있습니다. 이러한 기저핵이 제대로 작동하지 못하면 원치 않는 이상한 소리를 내거나 행동하는 틱장애tic disorder를 겪을 수 있다는 것입니다. 습관이 형성되면 기저핵의 활동이 증가하고, 전두엽의 활동이 감소합니다. 따라서 습관적인 행동의 작동 메커니즘은 의식적인 행동에서 무의식적인 자동화 과정으로 전환된다는 것입니다.

최근에는 디지털 기술과 빅데이터를 활용한 습관 연구가 행동주의, 인지주의, 신경과학적 발전을 종합하는 방향으로 진행되고 있습니다. 예를 들어, 찰스 두히그Charles Duhigg의 습관모델은 신호cue, 반복행동routine, 보상reward의 순환을 통해 습관이 형성된다고 설명합니다.

결론적으로, 습관에 대한 인식은 고대 철학에서부터 현대 신경과학에 이르기까지 지속적으로 변화와 발전을 거듭해 왔습니다. 오늘날 습관은 개인의 성공과 행복, 조직의 효율성, 사회 발전에 있어 그 중요성이 점점 더 강조되고 있습니다. 실제로 구글, 아마존, 페이스북 등 글로벌 기업들은 사용자의 습관 데이터를 분석하여 서비스 개선에 활용하고 있습니다. 앞으로도 습관에 대한 과학적 연구 결과를 실생활에 적용하려는 노력은 더욱 활발해질 전망입니다.

뇌 과학에는 한자어가 많아요.

우리가 과학공부를 하다 보면 한자용어를 자주 접하게 됩니다. 과학科學은 학문을 세부적으로 나누고 구분하여 연구한다는 의미이고, 물리학物理學은 물질의 원리를, 화학化學은 물질의 성질 변화에 대한 연구를 뜻합니다. 뇌 과학도 마찬가지입니다. 이는 역사적, 언어적, 그리고 실용적 요인에서 기인합니다.

역사적으로 한국의 과학발전은 일본의 영향을 많이 받았습니다. 근대 일본은 명치유신을 통해 동아시아에서 가장 먼저 서구의 과학문명을 받아들였습니다. 당시 일본은 서양의 과학개념들을 한자어로 번역해 사용하면서 그 용어들을 그대로 주변국에 전파하였습니다. 뇌 과학 분야의 '대뇌大腦', '전두엽前頭葉', '세포細胞' 등의 용어들이 이 과정을 거쳐 정착되었습니다.

언어적 측면에서 한자는 추상적 개념을 표현하는 데 유리합니다. 한자는 의미를 가진 최소단위인 형태소의 조합을 통해 새로운 개념을 만들어 낼 수 있기 때문입니다. 뇌 과학이 발전하면서 새로운 현상이나 구조를 명명할 때, 한자의 조합으로 새 용어를 쉽게 만들 수 있었습니다. 예컨대 시각정보를 중계하는 뇌 구조인 시상視床은 '視(시각)'와 '床(침대)'의 조합으로 시각정보가 머무는 곳이라는 의미를 담았습니다. 이처럼 한자어는 뇌 과학 분야에서 복잡한 구조와 기능을 명료하게 표현하는 데 효과적이었습니다.

동양문화권에서는 종이, 인쇄술, 나침반, 화약 등을 발명하는 기술적 성취를 이루었습니다. 서양문화권에서는 이러한 발명품들을 받아들여 종이와 인쇄술로 지식을 널리 전파하고, 나침반으로 항해의 지평을 넓혔으며, 화약으로 전쟁의 패러다임을 바꾸었습니다. 이러듯 동서양은 서로 다른 방식으로 과학을 발전시켜 왔지만, 오늘날에는 이러한 차이를 넘어 상호보완적 발전을 이루고 있습니다.

우리는 이런 사례에서 지식의 모듈화가 중요하다는 것을 배울 수 있습니다. 뇌는 개념을 최소단위로 쪼개어 저장하고 연결하는 방식으로 정보를 다룹니다. 이렇게 형성된 지식의 모듈은 새로운 개념 학습에 활용되고, 기존 지식과 연결하여 더 큰 지식체계를 구축합니다. 결국, 개념이라는 모듈을 잘게 쪼개고 많이 만들수록 뇌에 저장되는 지식의 양이 늘어나고 이를 활용하는 능력도 향상되는 것입니다. 이는 뇌가 지식을 효율적으로 습득하고 운용하는 핵심원리라 할 수 있습니다.

모든 행동은 기억에서 나온다.

셰익스피어의 햄릿은 "죽느냐 사느냐, 그것이 문제로다."라며 삶의 근원적인 질문을 던집니다. 반면, 세르반테스의 돈키호테는 "세상이 나를 조롱할지라도, 나의 이상은 포기할 수 없다."라고 외칩니다. 이 두 인물의 행동 차이는 결국 그들의 뇌 속에 저장된 과거의 기억에서 비롯됩니다. 햄릿은 부정적인 기억을 떠올리고, 돈키호테는 이상적인 기억을 끌어냈기 때문에 이러한 차이가 나타난 것입니다.

기억은 영화의 한 장면처럼 이미지 형태로 저장되며, 이는 기억을 편집하고 재구성할 수 있다는 것을 의미합니다. 따라서 기억은 과거경험을 떠올려 현재를 이해하고, 미래를 예측하는 데 사용되는 원재료가 됩니다. 이로 인해 기억은 과거사건을 단순히 회상하는 것을 넘어, 내면의 자신과 끊임없는 대화를 통해 새로움을 창출하고, 미래를 설계하는 데 중요한 역할을 합니다.

기억은 여러 기준에 따라 분류될 수 있지만, 일반적으로 시간의 흐름에 따라 감각기억, 단기기억, 장기기억으로 나눕니다. 감각기억은 감각 기관(눈, 코, 입, 귀, 피부)을 통해 받아들이는 방대한 양의 정보를 잠시 유지하는 것으로, 마치 카메라가 순간적으로 주변 정보를 포착하는 것과 같습니다. 단기기억은 감각기억에서 전달된 정보를 조금 더 오래 기억하고 처리하는 체계로, 우리가 현재 경험하고 행동하는 데 필요한 정보들을 다룹니다. 단기기억이 학습이나 반복을 통해 의미를 부여받으면, 이는 장기기억으로 전환됩니다.

장기기억은 명시적 기억과 암묵적 기억으로 구분됩니다. **명시적 기억**은 의식적으로 노력하여 인출할 수 있는 기억이며, **암묵적 기억**은 무의식적으로 우리의 행동에 영향을 미치는 기억입니다. 암묵적 기억은 자동적으로 반복하는 습관과 관련이 있으며, 습관기억과 절차기억으로 다시 구분할 수 있습니다. 습관기억은 경험이나 학습을 통해 형성되는 반복적인 행동 패턴에 관여하며, 절차기억은 여러 단계로 이루어진 기술이나 행동을 순서대로 숙달하는 데 관여합니다.

습관기억은 주로 일상생활에서 무의식적으로 이루어지는 행동 패턴을 말하며, 이러한 패턴은 '덩이짓기chunking'라는 과정을 통해 형성됩니다. 덩이짓기는 여러 개의 개별적인 행동이나 정보를 하나의 단위로 묶어 더 효율적으로 처리하는 과정으로, 이를 통해 복잡한 행동을 쉽게 수행할 수 있습니다. 예를 들어, 군 생활에서 아침에 일어나 점호하고, 운동한 다음 아침을 먹는 일련의 행동이 자연스럽게 수행되는 것은 덩이짓기에 의해 형성된 습관기억 덕분입니다. 이 과정은 주로 대뇌 기저핵과 관련이 있으며, 이 영역의 활성화는 습관적 행동의 실행과 밀접하게 연관되어 있습니다.

절차기억은 여러 단계로 이루어진 기술이나 행동을 순서대로 숙달하는 데에 관여합니다. 예를 들어, 군대에서 총기 분해조립, 수류탄 투척, 응급처치 등은 절차기억을 통해 학습됩니다. 습관기억은 행동 패턴과 관련이 있는 반면, 절차기억은 특정 행동을 수행하는 방법과 관련이 있습니다. 걷기는 습관기억의 예이며, 골프는 절차기억에 의해 수행되는 운동입니다. 이러한 절차기억은 주로 대뇌의 전두엽에 있는 운동피질에서 처리됩니다. 여기서 엽葉은 특정한 기능적 역할을 하는 부위를 지칭하고, 피질皮質은 해당 부위의 겉표면을 의미합니다.

모든 행동은 기억을 원재료로 활용합니다. 초기에는 의식적인 노력이 필요한 행동이 반복되면서 점차 익숙해지고, 이는 습관으로 자리잡게 됩니다. 이 과정에서 대뇌의 활동 패턴이 변화합니다. 초기에는 판단기능을 담당하는 전두엽의 활동이 두드러지지만, 반복적 행동이 이루어지면 무의식적인 동작을 관장하는 기저핵의 활동이 점차 증가합니다. 이는 의식적 행위에서 무의식적 행위로의 전환을 의미합니다. 또한, 습관적인 행동은 관련된 기억과 신경회로를 강화시킵니다. 행동이 반복될수록 해당 신경회로가 활성화되고, 이는 관련된 기억의 신경회로도 강화시킵니다. 오래되고 반복된 습관일수록 신경회로가 깊게 각인되어 습관을 바꾸기 어려워지는 이유가 여기에 있습니다.

습관을 형성하고 유지하는 데에는 습관기억과 절차기억이 결정적인 역할을 합니다. 이들은 뇌의 다양한 영역 간 복잡한 상호작용을 통해 기능하며, 학습과 반복을 거치면서 점차 자동화되고 강화됩니다. 이러한 신경생물학적 메커니즘에 대한 이해는 새로운 습관을 들이거나 기존 습관을 바꿀 때 중요한 통찰을 제공합니다. 습관 변화를 위해서는 단순히 의지력에만 의존할 것이 아니라, 습관 형성의 신경학적 원리를 고려한 전략적 접근이 필요합니다. 습관은 뇌의 복잡한 신경과정을 통해 만들어지고 유지되기에, 이에 대한 충분한 이해를 바탕으로 습관 변화에 접근해야 보다 효과적이고 지속 가능한 변화를 이끌어낼 수 있습니다.

습관 행동은 시간보다 반복 횟수이다.

말콤 글래드웰Malcolm Gladwell의 '1만 시간의 법칙'은 특정 분야에서 전문가가 되기 위해서는 1만 시간 정도의 훈련이 필요하다는 이론입니다. 하지만 이 법칙은 습관 형성에 있어서는 적용되기 어려울 수 있습니다. 습관은 단순히 투자한 시간보다는 반복 횟수에 더 큰 영향을 받습니다.

습관 행동은 우리가 무의식적으로 활동하는 패턴입니다. 이 패턴은 반복적인 행위를 통해 강화됩니다. 영국의 필리파 랠리Phillippa Lally 교수 팀이 발표한 연구 결과(2009년)에 따르면 새로운 습관을 형성하는 데 평균 66일 걸린다고 합니다. 이는 절대적인 숫자라기보다는, 습관 형성에는 어느 정도 시간과 노력이 필요한지를 보여주는 상징적인 수치입니다. 하지만 이 연구 결과의 함의는 습관 형성이 매일 얼마나 오랜 시간 동안 그 행동을 했느냐가 아니라, 얼마나 자주, 꾸준히 반복했느냐에 달려있다는 것을 시사합니다.

예를 들어, 매일 1시간씩 기타를 연습하는 것보다 매일 10분씩 기타를 연습하는 것이 더 효과적일 수 있습니다. 1시간 동안 집중력을 유지하기 어려울 수 있지만, 10분은 부담없이 꾸준히 할 수 있기 때문입니다. 이러한 짧지만 일관된 연습이 오히려 더 강력한 습관을 형성할 수 있습니다.

또한 습관 행동에는 '신호cue'와 '보상reward'이 중요한 역할을 합니다. 특정한 신호가 주어졌을 때 습관적 행동을 하고, 그 행동 후에 보상을 받으면 뇌는 이를 기억하고 다음에 같은 신호가 주어졌을 때 같은 행동을 하도록 조건화됩니다. 이 과정에서 행동의 빈도가 높을수록, 즉 반복 횟수가 많을수록 습관 행동은 더 강하게 형성됩니다.

물론 투자시간도 습관 행동에 어느 정도 영향을 미칩니다. 하루에 10분씩 투자하는 것과 1분씩 투자하는 것은 분명한 차이가 있을 것입니다. 하지만 그보다 더 중요한 것은 일관성과 꾸준함입니다. 매일 같은 시간에, 같은 환경에서 반복하는 것이 습관을 형성하는 데 도움이 됩니다.

따라서 새로운 습관을 들이고 싶다면, 처음부터 많은 시간을 투자하기보다는 짧은 시간이라도 매일 꾸준히 반복하는 것이 더 효과적일 수 있습니다. 그리고 그 행동을 특정한 신호와 연결 짓고, 행동 후에는 스스로에게 칭찬하는 등의 보상을 주는 것이 좋습니다. 이렇게 반복의 횟수를 늘려나간다면 1만 시간이 아니라 66일 만에도 새로운 습관 행동을 내면화시킬 수 있을 것입니다.

3. 사소한 습관이 나를 만든다.

습관의 지혜는 개인의 성장과 발전에 있어 핵심적인 역할을 합니다. 특히 아동기에 형성된 습관은 부모로부터 물려받은 것으로, 이는 거울신경 시스템에 의해 형성됩니다. 거울신경 시스템은 타인의 행동을 관찰하고 모방하는 과정에서 활성화되는 뇌의 영역입니다. 아동은 이를 통해 기본적인 성향과 행동양식을 형성하게 됩니다. 하지만 성인이 된 후에도 삶의 전환점이나 역경을 통해 새로운 습관을 만들어갈 수 있습니다.

우리는 변화를 두려워하기보다는, 습관의 힘을 이해하고 이를 자신의 성장에 적극적으로 활용한다면 보다 나은 삶을 살아갈 수 있을 것입니다. 습관은 우리의 운명을 결정짓는 중요한 요소이자, 우리가 주도적으로 만들어갈 수 있는 소중한 자산입니다.

따라서 이 절에서는 이러한 습관 형성을 주도하는 자아는 어떻게 형성되는지, 그리고 학습을 통해 자아의 정체성이 어떻게 강화되는지를 살펴보겠습니다. 또한, 습관 행동을 통해 목표를 달성하는 방법도 알아보겠습니다.

뇌 과학을 통찰한 동양철학

2,500여 년 전 당시 중국은 춘추전국시대라는 정치적 대혼란기를 겪고 있던 가운데, 공자孔子와 맹자孟子가 주축이 된 유가사상과 노자老子와 장자莊子로 대표되는 도가사상이 사상적 양대 산맥을 이루고 있었습니다. 유가사상儒家思想은 혼란한 시대를 극복하고 안정된 사회를 구축하기 위해 현실정치에 적극 참여하여 사회 변혁을 끌어내고자 했던 현실참여적 철학인 반면, 도가사상道家思想은 혼탁한 현실에서 벗어나 자연과 조화를 이루며 내적 자유를 추구하려는 인간중심적 철학이었습니다. 비록 두 사상의 지향점은 달랐지만, 궁극적으로는 인간다운 삶을 모색하려 했다는 점에서 두 사상의 공통점을 찾을 수 있습니다.

도가사상의 원조인 장자는 호접지몽胡蝶之夢을 이야기합니다. 흔히 '나비의 꿈'이라고 합니다. 장자가 꿈속에서 나비가 되어 즐겁게 날아다니고 있었습니다. 그는 깨어난 후에도 여전히 나비가 된 기분이 생생하여, 과연 자신이 나비가 되어 꿈을 꾸었는지, 아니면 나비가 자신이 되어 꿈을 꾸는 것인지 구분할 수 없었다는 줄거리입니다. 결국, 자신과 나비의 구분이 사라졌다는 것입니다. 이는 물아일체物我一體 즉 만물이 하나로 연결되어 있고, 자연과 인간이 분리될 수 없다는 동양철학의 핵심을 강조합니다.

동양사상은 인간과 자연, 주체와 객체의 구분을 넘어 모든 존재가 본질적으로 연결되어 있음을 강조합니다. 이러한 통찰은 현대과학 특히, 뇌 과학의 발전과 함께 새로운 관점에서 재조명되고 있습니다. 뇌 과학에서 **자아**는 뇌의 기능들과 외부세계와의 상호작용을 통해 형성된 경험을 통해 형성된다고 합니다. 이는 존재 간의 경계를 허물고 일체감을 조성하면 자아가 확장될 수 있음을 강조하는 동양사상의 통찰이 이미 과학적 논리를 꿰뚫고 있었다는 것입니다.

우리는 일상에서 자아를 느끼지 못하는 경우가 종종 있습니다. 잠들기 직전이나 막 깨어날 때 자아와 현실에 대한 인식이 애매한 상태가 되는 경우가 많습니다. 또한, 병원에서 마취했을 때도 마비된 부위가 내 몸의 일부가 아닌 것처럼 느껴집니다. 현대 과학은 단순한 전기화학적 신호작용이 자아라는 현상을 어떻게 형성하였는지 아직 완전히 밝혀내지 못하고 있습니다. 하지만 자아를 형성하는 뇌의 특정 부위와 그 경로는 상당 부분 파악하고 있다고 할 수 있습니다. 자신의 신체를 자아로 인식하는 것은 습관의 지혜를 통해 형성되고 강화됩니다. 따라서 우리는 자아의 형성과정을 살펴봄으로써 습관의 본질을 파악해 보고자 합니다.

일상생활은 자아 통합의 연속이다.

　뇌가 외부세계의 정보를 전기화학적 작용으로 입력하여 통합된 자아를 형성하는 것은 복잡하고도 다차원적인 과정입니다. 그렇지만 우리는 주위를 면밀히 살펴보면 일상생활에서 쉽게 관찰할 수 있는 현상이기도 합니다. 그래서 복잡한 과정을 쉽게 설명하기 위해서 아침에 잠에서 깨어나는 과정을 예를 들어 자아인식 과정을 알아보겠습니다.

　첫째, 감각 정보의 수집과 처리입니다.
　우리는 아침에 눈을 뜨면, 처음에는 주변 환경을 명확히 인식하지 못합니다. 이는 감각기관이 서서히 깨어나기 때문입니다. 침대의 따뜻한 촉감, 창밖의 지절대는 새소리, 방에 진열된 장식들이 흐릿흐릿하게 감각기관에 닿기 시작합니다. 이 시점은 우리의 자아가 아직 완전히 통합되지 않은 상태라고 할 수 있습니다. 이 단계는 감각기관이 외부 자극을 받아들이고 이를 신경 신호로 변환하는 단계입니다. 불교 반야심경의 '안이비설신의眼耳鼻舌身意 색성향미촉법色聲香味觸法'은 이러한 과정을 잘 설명합니다. 이는 눈, 귀, 코, 혀, 피부, 마음 등 6개의 감각기관을 통해 우리의 경험과 인식을 형성하고 이것이 결국에는 인간의 과제 상황인 번뇌를 만든다는 것입니다.

둘째, 정보와 기억과의 연결입니다.

점차 의식이 선명해지면서, 이러한 개별적인 감각정보들이 하나로 모이기 시작합니다. 우리는 내가 누구이고 어디에 있으며, 오늘이 무슨 요일인지 등을 떠올리게 됩니다. 예를 들어, 시각정보는 후두엽에서, 청각정보는 측두엽에서 처리됩니다. 이 정보들은 두정엽에서 통합되어 공간 인식과 신체 이미지를 형성합니다. 그리고 우리는 현재정보를 과거의 기억인 경험과 연결합니다. 이 과정에서 해마가 중요한 역할을 합니다. 해마는 새로운 기억을 기반으로 과거 기억을 불러오는 데 핵심적인 역할을 합니다. 예를 들어, 우리는 달력을 보면서 오늘을 확인하고 수립된 일정을 떠올리게 됩니다.

셋째, 자아를 인식하고 형성합니다.

우리는 간단한 아침 식사를 하면서 복잡한 감각을 통합하는 경험을 합니다. 따끈한 밥, 정성이 깃든 반찬, 그리고 향긋한 커피 한잔 등의 감각들은 하나의 범주로 통합됩니다. 이는 '아침 식사'라는 하나의 경험으로 통합되는 것입니다. 이와 동시에 우리는 아침 식사하는 행위의 주체자로서 자아를 인식하게 되는 것입니다. 이 과정에서 의사결정, 계획수립, 주의집중 등의 고차원적인 인지기능을 담당하는 전두엽이 관여합니다.

넷째, 사회적 상호작용과 정체성 강화입니다.

출근길에서의 이웃과의 인사 등의 사회적 상호작용은 자아 인식을 더욱 강화시킵니다. 우리는 자신의 행동이 타인에게 어떻게 영향을 미치는지를 인식하면서 사회적 맥락 속에서의 자아를 형성해 나갑니다. 우리는 직장이나 사회적 관계망 속에서 활동합니다. 이 과정에서 자신의 지식, 경험, 가치관 등을 통합적으로 활용하게 됩니다. 이는 인지적 측면에서의 자아 통합을 보여줍니다. 그리고 하루를 마무리하며 일기를 쓰거나 명상을 할 때, 우리는 그날의 경험을 되돌아보고 개인적으로 의미를 부여하거나 해석합니다. 이 과정에서 우리는 다양한 경험과 감정을 하나의 일관된 이야기로 통합하여 더욱 견고한 자아 인식을 형성하게 되는 것입니다.

자아는 끊임없이 변화하는 환경과 내적 상태를 조화롭게 결합하는 역동적인 구조를 가지고 있습니다. 이는 단순히 정보를 수동적으로 받아들이는 것이 아니라, 과거 경험, 현재 상황, 미래 예측 등을 모두 아우르는 복잡한 인지 프로세스를 끊임없이 반복합니다. 이러한 자아 형성은 유아기부터 시작되어 일생을 통하여 계속되는 연속 과정입니다. 유아기에는 원초적인 자기인식이 형성되고, 아동기와 청소년기를 거치며 사회적 상호작용을 통해 자아개념이 정교해집니다. 성인기에 이르러서도 새로운 역경과 학습을 겪으면서 자아는 더욱 세련되게 변화하고 발전하게 되는 것입니다.

따라서 자아에 대한 이해는 단순히 철학적 탐구의 대상이 아니라, 우리의 일상적 삶과 사회적 관계의 의미를 결정짓는 중요한 요소라고 할 수 있습니다. 우리의 일상생활은 자아 통합의 연속이며, 이를 통해 자신만의 독특한 정체성을 형성해 나갑니다. 이렇게 형성된 자아는 자신의 생각과 행동 그리고 사회적 관계를 이해하고 해석하는 관점인 가치관을 가지게 되는 것입니다. 우리가 매일 경험하는 일상은 단순한 반복이 아니라, 자아를 형성하고 강화하는 소중한 과정인 것입니다.

우리는 학습을 통해 끊임없이 성장한다.

학습은 우리의 진정한 모습을 완성해 가는 과정입니다. 새로운 지식과 기술을 습득하는 과정에서 우리는 세상을 이해하고, 문제를 해결하며, 더 나은 삶을 살아갈 수 있는 능력을 키웁니다. 이러한 학습의 과정은 단순히 정보를 머릿속에 저장하는 것이 아니라, 우리의 뇌를 구조적으로 변화시키고 기능적으로 향상시키는 놀라운 여정입니다.

신경과학적 관점에서 볼 때, 학습은 뇌의 시냅스 가소성을 촉진합니다. 가소성可塑性은 뇌가 신경조직을 상황에 따라 스스로 바꾸는 것을 말합니다. 새로운 정보나 경험은 뇌 속 신경세포 사이의 연결을 강화하거나 새로운 연결을 만들어냅니다. 이러한 시냅스의 변화는 해마를 중심으로 일어나며, 단기기억을 장기기억으로 전환하는 데 핵심적인 역할을 합니다. 반복적인 학습을 통해 장기기억이 공고해지면, 우리는 그 정보를 더욱 쉽게 인출하고 활용할 수 있게 됩니다. 예를 들어, 수업시간에 배운 내용을 자기 나름의 방법으로 노트 정리하여 장기기억에 저장하고 지속적 복습을 통해 그 기억을 더욱 공고히 합니다. 그리고 시험치는 날 그것을 꺼내 적절히 활용하여 좋은 성적을 받는 것입니다.

뿐만 아니라, 학습은 뇌의 구조 자체를 변화시킬 수 있습니다. 영국 런던 택시기사들을 대상으로 한 연구에서는, 복잡한 도로 체계를 익히는 과정에서 해마의 크기가 실제로 증가했음이 확인되었습니다. 이는 학습이 뇌의 물리적 구조에 영향을 미칠 수 있음을 보여주는 놀라운 사례입니다. 더 나아가, 학습은 뇌의 인지기능 전반을 향상시킵니다. 새로운 언어를 배우는 과정에서는 언어처리 영역뿐 아니라, 기억, 주의력 등 다양한 인지기능이 함께 활성화됩니다. 이처럼 학습은 뇌의 여러 영역을 동시에 자극함으로써, 우리의 종합적인 인지능력을 높이는 데 기여합니다.

최근 연구에 따르면, 성인의 뇌에서도 새로운 신경세포가 생성될 수 있다고 합니다. 이는 우리가 평생 동안 학습을 통해 뇌를 발전시킬 수 있음을 시사합니다. 지속적으로 새로운 것을 학습하고 도전하는 사람들의 뇌에서는 해마의 용적이 증가하고, 인지기능의 저하 속도가 더딘 것으로 나타났습니다. 이는 평생학습이 뇌의 건강과 가소성을 유지하는 데 중요한 역할을 한다는 것을 보여주는 사례입니다. 더욱이, 지속적인 학습은 뇌의 인지비축을 강화하여, 노화나 질병으로부터 인지기능을 보호하는 데에도 도움이 됩니다. 인지비축이란, 뇌가 손상을 입었을 때 이를 보상할 수 있는 예비 능력을 의미합니다. 평생 지적 활동을 한 노인들은 알츠하이머병에 걸리더라도 증상 발현이 더 늦고 진행 속도도 느린 것으로 나타났습니다. 이처럼, 지속적인 학습은 건강한 뇌를 유지하는 것은 물론, 질병이나 노화에 대한 저항력을 키우는 효과적인 전략이 될 수 있습니다.

따라서 학습은 단순히 지식을 쌓는 것 이상의 의미를 지닙니다. 그것은 우리의 뇌를 가장 효율적이고 건강한 상태로 유지하게 해주는 필수적인 활동입니다. 평생 학습을 통해 우리는 뇌의 놀라운 잠재력을 발휘하고, 보다 풍요로운 삶을 살아갈 수 있을 것입니다. 지금 이 순간에도 무언가를 배우고 익히는 과정 속에서, 우리의 뇌는 한층 더 성장하고 있습니다

사냥과 학습 그리고 습관

인간의 모든 행동에는 근원적인 목적성이 있습니다. 우리의 움직임은 오랜 진화의 과정을 통해 생존과 번식이라는 본능적 목적에 최적화되어 왔습니다. 인류의 초기 역사에서 가장 중요한 생존수단 중

하나는 바로 사냥이었습니다. 그러나 사냥은 단순한 먹이 획득의 수단을 넘어, 인간의 인지능력과 사회 구조, 나아가 문화의 발전에 결정적인 영향을 미쳤습니다.

개인적 차원에서, 사냥은 지속적인 기술 향상과 환경 적응을 요구했습니다. 이는 실패를 경험 삼아 반복적인 훈련과 경험을 통한 학습으로 이어졌습니다. 사냥의 실패는 자신과 가족의 굶주림과 죽음을 의미했기에, 실패에도 불구하고 끊임없이 반복적으로 사냥을 시도했던 것입니다. 이는 사람들에게 동물의 행동 패턴을 관찰하고 예측하는 습관을 형성하도록 하여 인지능력과 추론능력의 발달로 이어졌습니다. 또한, 좀 더 효과적으로 사냥하기 위해서 도구를 제작하고 개선하는 과정에서 문제해결 능력과 창의성이 향상되었다고 할 수 있습니다. 결과적으로 사냥은 뇌 가소성을 증진하여 새로운 정보를 빠르게 흡수하고 적용하는 능력을 발달시켰습니다.

사회적 측면에서, 사냥은 집단 활동으로 이루어지면서 협력과 의사소통의 습관을 형성했습니다. 동물을 한쪽으로 몰아세우는 팀과 그것을 포획하는 팀의 협력이 필요했습니다. 이를 통해 팀워크의 중요성을 인식하게 되었고, 이는 사회적 결속력을 강화하는 습관으로 발전했습니다. 또한, 사냥 전략을 수립하고 실행하는 과정에서 리더십과 역할 분담의 개념이 생겨났습니다. 이는 사회 구조화의 기반이 되었습니다. 사냥 후 식량분배 과정에서 공정성과 호혜성의 습관이 초기 사회규범의 틀을 마련했습니다. 이러한 사회적 집단 습관은 점차 사회와 문화에 확산되었습니다.

또한, 사냥은 지식 전수의 습관을 형성했습니다. 아버지 세대가 자식 세대에게 기술과 지혜를 전달하는 과정이 일상화되면서 교육이라는 개념으로 발전되었습니다. 이와 더불어 시간 관리와 시간 계획도 사냥을 통해 형성된 중요한 습관입니다. 계절의 변화, 동물의 이동 패턴 등을 고려한 장기적 계획수립은 미래 예측과 준비의 습관을 길렀고, 이는 농경사회로의 전환기에 중요한 역할을 했습니다.

따라서, 본능적인 생존 활동인 사냥을 통해 형성된 다양한 개인적·사회적 습관들은 인류의 인지능력 발달, 사회 구조화, 문화 형성에 지대한 영향을 미쳤습니다. 이러한 습관들은 시간이 지나면서 더욱 정교화되고 다양한 영역으로 확장되어, 현대 사회의 복잡한 시스템과 문화적 관습의 기반을 마련했습니다. 요컨대, 사냥을 통해 형성된 학습과 적응의 습관은 인류가 다양한 환경에서 생존하고 번영할 수 있게 한 핵심 요인이었으며, 오늘날까지도 우리의 사고방식과 행동 패턴에 깊이 뿌리내리고 있습니다.

결국, 습관이 목표를 달성한다.

우리는 살아가면서 항상 인생목표를 수립합니다. 이러한 목표를 효과적으로 달성하기 위해서는 목표 행동과 습관 행동의 전략적 협력체계가 필요합니다. 그것은 최종목표를 세분화하여, 단계별 중간목표를 습관화하는 전략입니다. 다시 말해, 목표를 지향하는 습관을 단계적으로 길러서 최종목표에 이르게 하는 방법을 말합니다. 이 전략은 목표 행동과 습관 행동의 장점을 결합하여 지속 가능한 변화를 만들어 낸다는 것입니다. 예를 들어, 일상생활에서 흔히 세우는 "건강 관리" 목표를 달성하는 과정을 살펴보겠습니다.

첫째, 목표를 세분화합니다.

추상적인 최종목표를 구체적이고 가능한 숫자로 표시하는 중간단계 목표들로 나눕니다. '건강 관리' 목표를 '매일 30분 걷기', '주 3회 채식 먹기', '하루 8시간 잠자기' 등으로 중간단계 목표들로 세분화할 수 있습니다. 이러한 중간단계 목표는 명확하고, 실행 가능토록 하며, 진행 상황을 쉽게 파악할 수 있게 합니다.

둘째, 중간 목표를 습관화합니다.

습관 순환 사이클인 '신호$_{trigger}$ - 행동$_{action}$ - 보상$_{reward}$' 체계를 활용할 수 있습니다. 신호는 순환 행동을 출발시킵니다. 예를 들어 '점심식사 직후'를 걷기 행동의 신호로 설정할 수 있습니다. 이 신호에 따라 실제로 걷는 행동을 수행하며, 그 결과로 쾌적한 느낌이라는 감정적인 보상을 얻습니다. 이 체계를 순환 반복하여 점심식사 직후 걷는 습관이 형성됩니다. 각각의 중간단계 목표는 개인의 여건과 상황에 따라서 동시 또는 단계적으로 쉬운 중간목표부터 습관화 과정을 거치면 됩니다.

셋째, 점진적 접근방법을 사용합니다.

처음부터 많은 것을 기대하기보다는 작게 시작하여 점차 난이도를 점차 높여가는 것이 효과적입니다. 처음에는 5분 걷기로 시작해 점차 30분으로 늘려갈 수 있습니다. 성공도 습관입니다. 이러한 점진적 접근은 성공하는 경험을 쌓아 자신감을 높이고 지속성을 향상시켜 줍니다.

넷째, 추적과 피드백 시스템을 구축합니다.

행동을 기록하고 검토하는 것은 동기를 부여하고 진행 상황을 파악하여 미흡한 부분을 보완하는 데에 도움이 됩니다. 스마트폰 앱이나 일지 등을 활용하여 데이터를 누적하여 자신의 성과를 비교 분석할 수 있습니다. 이러한 추적과 피드백 시스템은 자신의 성과를 시각화하여 현재 상태를 평가하고 다음 단계로 진행할지를 결정합니다.

다섯째, 우발계획을 마련하고 중간 성과를 인정한다.

모든 계획이 항상 완벽하게 실행되기는 어렵습니다. 예상치 못한 상황이나 실패에 대비하여 우발계획을 마련하고, 필요시 목표나 접근 방식을 조정할 수 있는 전략이 필요합니다. 피드백 시스템에 의해 진행 상황을 평가하고, 이를 바탕으로 수행방법을 조정하여 더욱 효과적인 방법으로 목표를 달성합니다. 이와 더불어 최종목표 달성까지는 시간이 걸리므로, 중간단계의 작은 성과를 축하하고 인정하는 것이 중요합니다. 이는 목표 달성의 동기를 유지하고, 할 수 있다는 긍정적인 감정을 더욱 강화할 수 있습니다.

결론적으로 목표지향적 습관을 활용하는 전략은 추상적인 목표를 구체적이고 실현 가능한 중간목표로 단계화하여 최종목표를 달성하는 효과적인 방법입니다. 이는 장기적이고 지속 가능한 변화를 만들어 내며, 궁극적으로 목표 달성의 가능성을 크게 높입니다. 결국, 습관이 목표를 달성하게 하는 원동력이 되어 우리가 원하는 삶을 창조하는 데 기여하게 되는 것입니다.

4. 알면서 행동하지 않는 이유는 무엇인가?

중국의 사상가 순자荀子는 "길이 가깝다고 해도(道雖迹) 가지 않으면 도달하지 못하며(不行不至), 일이 작다고 해도(事雖小) 행하지 않으면 성취되지 않는다(不爲不成)."라고 하였습니다. 이는 알고 있는 지식을 행동으로 옮기는 실천력을 강조하는 말입니다. 우리는 실제 중요하다고 생각하면서 실행으로 옮기지 못하는 경우가 많습니다. 뇌 과학에서는 이러한 현상에 핵심적인 역할을 하는 것이 바로 인지조절 능력임을 밝혔습니다.

지각知覺은 외부 정보를 받아들이는 세상을 보는 눈이라고 하면, 인지認知는 지각에서 얻은 외부 정보를 뇌에서 해석하고 이해하는 눈입니다. 인지능력은 우리의 생각, 감정, 행동을 적절하게 조절하는 힘을 말합니다. 마치 오케스트라 지휘자가 많은 악기들을 조율하여 아름다운 음악을 만드는 것처럼 말입니다. 악기 연주자는 오케스트라의 지휘봉에 맞춰서 악보에 따라 행동하여 음악이라는 결과물을 만들어 냅니다. 이렇듯 앎과 행동 사이에 인지조절이라는 교량이 있습니다. 이 교량을 건널 때만이 앎이 행동으로 표출되는 것입니다.

동물들은 인간에 비해 인지조절 능력이 덜 발달되어 있어, 자극에 대한 즉각적인 반응 위주로 행동합니다. 반면, 인간의 인지조절은 단순한 자극에 대한 반응이 아니라, 자극에 대응하는 계획을 마련하고 행동하는 것입니다. 이러한 인지조절 능력은 우리 삶의 생애주기에 따라 발달하고 쇠퇴하는 경향을 보이고 있습니다. 따라서 이번 절에서는 이러한 인지조절에 대한 기능과 역할에 대해서 살펴보고, 생애주기별 그에 맞는 습관화 전략을 알아보겠습니다.

인지조절, 앎과 행동의 연결 다리

인간의 인지조절 능력은 진화의 산물로, 초기 인류의 생존본능에서 시작되었습니다. 먹이를 찾고 포식자를 회피하기 위해 주위 환경에 주목하고 행동을 조절하는 것이 필수적이었던 것입니다. 이러한 기본적인 조절 능력은 시간이 지남에 따라 더욱 복잡하고 유연한 형태로 진화했습니다. 새로운 도전에 대응하기 위해 정교한 예측과 행동 조절이 요구되었고, 이에 따라 전두엽이 발달하게 되었다.

특히 공룡시대 이후 영장류시대가 도래하면서 인지조절 능력은 급격히 향상되었습니다. 영장류라는 단어의 어원을 살펴보면, 한자어 '영장靈長'에서 유래했음을 알 수 있습니다. '영靈'은 '영리하다'는 의미이고, '장長'은 '우두머리'를 의미합니다. 즉, 영장류는 지능이 뛰어난 동물 무리라는 뜻으로, 다른 동물에 비해 탁월한 인지능력을 지녔음을 시사합니다.

인간의 인지조절 능력이 발달하는 데에는 여러 요인이 복합적으로 작용했습니다. 뇌의 크기, 특히 전두엽의 확대는 더 복잡한 사고와 문제해결을 가능하게 했습니다. 언어 사용은 추상적 사고를 가능케 하고, 복잡한 아이디어를 간단하게 표현하고 전달할 수 있게 해주었습니다. 또한 도구의 활용과 사회적 상호작용의 증가도 인지조절 능력의 발달에 기여하였습니다. 이러한 요인들이 상호작용하며 인간은 자기 인식, 계획 수립, 의사 결정, 감정 조절 등의 고차원적 능력을 갖추게 되었습니다.

하지만 현대 사회에서 인지조절은 단순히 타고난 능력만으로는 그 역할을 만족스럽게 수행할 수 없습니다. 정보의 과잉과 멀티태스킹multitasking이 만연한 환경 속에서 인지조절은 지속적으로 키워나가야 할 대상이 되었습니다. 우리는 끊임없이 새로운 정보와 자극에 노출되고, 동시에 여러 과제를 처리해야 하는 상황에 직면해 있습니다. 이런 환경에서 인지조절 능력을 유지하고 강화하는 것은 개인의 성공과 삶의 질을 좌우하는 중요한 요소가 되는 것입니다.

인지조절은 우리가 아는 것을 실제 행동으로 옮기는 데 있어 핵심적인 역할을 합니다. 인지조절의 실패는 다양한 문제를 야기할 수 있습니다. 학업에서는 집중력 부족과 학습효율 저하로 이어질 수 있고, 업무 상황에서는 실수와 생산성 감소를 초래할 수 있습니다. 대인관계에서도 감정조절 실패로 인한 갈등이 발생할 수 있으며, 건강관리에 있어서도 식이요법이나 운동계획을 제대로 실천하지 못하는 결과를 낳을 수 있습니다.

이러한 인지조절의 실패를 극복하기 위해서는 자신의 행동 패턴을 인식하는 것에서 출발해야 합니다. 자신의 강점과 약점을 파악하고, 문제가 되는 환경 요소를 찾아내는 것이 중요합니다. 그리고 점진적인 변화를 시도하며, 작은 성공을 축적해 나가는 것이 필요합니다. 필요하다면 전문가의 도움을 받아 인지조절 능력을 향상시키기 위한 전략을 수립하는 것도 도움이 될 수 있습니다.

결론적으로, 우리가 인지조절의 작동원리, 즉 실행기능과 작업기억 등에 대해 이해하는 것은 앎을 행동으로 전환하는 능력을 기르는 데 있어 필수적입니다. 이는 개인의 성공뿐만 아니라, 나아가 사회 전체의 발전을 위해서도 간과할 수 없는 중요한 요소이기도 합니다.

인지조절과 멀티태스킹

인지조절은 우리가 목표를 설정하고, 정보를 처리하며, 행동을 조절하는 정신적 능력을 말합니다. 인지조절의 작동 핵심원리는 실행

기능으로 전두엽에서 주로 이루어집니다. 실행기능은 설정된 목표를 달성하기 위한 계획을 수립하고, 그에 따른 의사를 결정하며, 방해 요소를 억제하면서 주의력을 집중시키는 등의 역할을 합니다.

실행기능을 효율적으로 수행하기 위해서는 작업기억이 필수적입니다. 작업기억은 정보를 일시적으로 저장하여 조작할 수 있는 시스템입니다. 이는 복잡한 과제 수행 시 관련 정보를 유지하고 처리할 수 있게 합니다. 비유적으로 표현하면, 장기기억이 은행에 저축한 돈이라면, 작업기억은 현재 지갑에 있는 현금으로 즉시 활용할 수 있다는 것입니다. 하지만 작업기억은 지갑의 현금처럼 용량에 제한이 있습니다. 예를 들어, 성인은 일반적으로 7±2개의 숫자, 4~5개의 단어 또는 시각적 패턴을 동시에 기억할 수 있다고 알려져 있습니다(코완Nelson Cowan, 2010).

현대 사회에서는 멀티태스킹이 일상화되었습니다. 멀티태스킹은 동시에 여러 작업을 수행하는 것을 의미하며, 작업기억을 통해 이루어집니다. 그러나 작업기억의 용량 제한으로 인하여 멀티태스킹은 오히려 작업 효율성을 떨어뜨릴 수 있습니다. 극단적인 예로, 운전 중 문자 메시지 확인은 교통사고 위험을 증가시키고, 온라인 수업 중 소셜 미디어 활동은 학습 효율을 저하시킵니다. 일상적인 예로는 업무 중 이메일 확인, 영화 감상 중 스마트폰 사용 등이 있습니다. 이러한 멀티태스킹은 주의력 분산을 야기하여 각 작업의 수행 능력을 떨어뜨립니다.

따라서 중요한 작업수행 시에는 멀티태스킹을 자제하고 집중력을 발휘하는 것이 바람직합니다. 이를 위해 다음과 같은 전략을 활용할 수 있습니다. 첫째, 업무환경을 정돈하고 방해요소를 최소화합니다. 둘째, 하나의 작업에 집중하고 완료 후 다른 작업으로 전환합니다. 셋째, 규칙적인 휴식을 취하여 인지 자원을 재충전합니다. 넷째, 중요도에 따라 작업의 우선순위를 매기고 시간을 할당합니다. 다섯째, 필요시 도움을 요청하거나 협업을 통해 업무 부담을 분산합니다.

이러한 전략을 통해 우리는 작업기억의 한계를 인식하고, 멀티태스킹의 비효율성을 극복할 수 있습니다. 나아가 인지조절 능력을 향상시켜 목표를 달성하고 성과를 향상하는 데에 기여할 수 있을 것입니다. 중요한 것은 자신의 인지적 한계를 이해하고, 이를 고려하여 행동하는 지혜를 발휘하는 것입니다.

실행기능과 작업기억의 상호작용

직장인 A씨가 '3개월 내에 정책보고서 작성하여 상관에게 보고하기'라는 예시를 통해 실행기능과 작업기억 간의 상호작용을 살펴보겠습니다.

계획수립 단계는 실행기능이 주로 관여합니다. 직장인 A씨는 보고서 주제선정, 자료수집, 초안작성, 수정보완 등 구체적인 단계로 구분하여 계획을 세웁니다. 이때 실행 기능은 각 단계에 필요한 시간과 자원을 배분하고, 우선순위를 정합니다. 예를 들어, 주제선정에 2주, 자료수집에 3주, 초안작성에 4주, 수정보완 단계에 3주를 할당합니다.

자료수집 단계에서 작업기억은 관련 정보를 일시적으로 저장하고 처리합니다. 예를 들어, 여러 책의 내용을 비교하면서 필요한 정보를 선별합니다. 이와 동시에 실행기능은 집중력을 유지하고, 불필요한 정보는 걸러내며, 시간을 효율적으로 관리합니다. 또한 선택한 주제에 대한 자료가 부족할 경우, 실행기능은 기존 계획을 수정하고, 새로운 전략을 수립합니다. 이 과정에서 작업기억은 현재까지 수집한 정보를 변환하고, 새로운 정보를 조합하여 새로운 가능성을 동시에 찾습니다.

초안작성 단계에서는 작업기억과 실행기능이 긴밀히 협력합니다. 예를 들어, A씨는 수집한 자료를 바탕으로 보고서의 대략적인 구조를 마음속에 그립니다. 이때 작업기억은 자료의 핵심 내용을 유지하면서 이를 논리적으로 조직화하는 역할을 합니다. 한편, 실행기능은 글쓰기 과정을 모니터링하고 조절합니다. A씨는 서론, 본론, 결론의 흐름에 맞게 글을 써나가면서, 문단 간 연결이 자연스러운지, 근거가 충분한지 등을 지속적으로 확인합니다. 만약 글쓰기가 순조롭게 진행되지 않는다면, 실행기능은 잠시 휴식을 취하거나 음악을 듣는 등 새로운 전략을 활용할 수 있습니다.

수정보완 단계에서도 작업기억과 실행기능의 협업이 돋보입니다. A씨는 초안을 검토하면서 문장 수준의 수정뿐만 아니라, 글 전체의 논리적 흐름을 점검합니다. 이 과정에서 작업기억은 글의 세부 내용을 유지하면서도 전체적인 맥락을 파악하는 데 주력합니다. 동시에 실행기능은 수정 과정을 체계적으로 관리합니다. 예를 들어, A씨는 먼저 글의 핵심 주장을 명확히 하고, 각 문단의 내용을 다듬어 나갑니다. 때로는 새로운 정보를 추가하거나 불필요한 내용을 과감히 삭제하기도 합니다. 이때 실행기능은 수정에 몰두하되 지나치게 집착하지 않도록 적절한 균형을 유지하는 역할도 수행합니다.

이러한 전반적인 과정에 걸쳐 인지조절은 동기 유지에 중요한 역할을 합니다. 예를 들어, 작업이 지루해질 때 목표의 중요성을 상기시키거나, 소소한 성취에 대해 자기 보상을 제공합니다. 또한, 보고서가 완성되면, 전체 과정을 되돌아보며 학습된 교훈을 정리합니다. 이는 향후 유사한 보고서 작성에 활용할 수 있는 소중한 경험이 됩니다.

이처럼 인지조절의 핵심 작동원리인 실행기능과 작업기억은 목표 달성 과정에서 유기적으로 상호작용합니다. 각 요소는 고유한 기능을 수행하면서도 서로를 보완하여 효율적이고 효과적인 목표 달성을 가능케 합니다. 이러한 과정은 정책보고서 작성뿐만 아니라, 학교에서 논문 작성, 개인적인 기술 습득, 건강목표 달성 등 다양한 일상생활의 목표에도 적용됩니다. 이러한 인지조절의 원리를 이해하고 개발함으로써 우리는 더욱 효과적으로 목표를 설정하고 달성할 수 있습니다.

삶의 단계와 인지조절 능력

중국 철학자 장자莊子는 "삶은 기氣가 모여있는 것이고 죽음은 기氣가 흩어지는 것이다."라고 말했습니다. 이 말은 삶과 죽음이 끊임없는 변화와 순환의 과정임을 의미합니다. 우리 인간은 이러한 삶과 죽음의 순환 속에서 생애주기를 거치며, 각 단계마다 기氣가 모이고 흩어지는 형태가 다릅니다. 이와 마찬가지로 인지조절 능력도 우리의 삶과 함께 지속적으로 변화하는 과정을 겪습니다.

영유아기에는 아이들이 점진적으로 자신의 행동을 제어하는 능력을 발달시키기 시작합니다. 어린 아기가 뜨거운 것을 보고 "뜨거워!"라는 부모의 말에 반응하여 행동을 멈추는 것은 초기 인지조절의 징후입니다. 유아기에 접어들면 아이들은 간단한 규칙을 이해하고 따를 수 있게 됩니다. 유치원에 다니는 아이가 장난감을 정리하는 모습은 충동을 억제하고 규칙을 따르는 능력이 발달하고 있음을 보여줍니다.

아동기에는 학교에 입학하여 복잡한 과제를 수행하고 계획을 세우는 등, 더욱 정교한 인지조절 능력을 요구받게 됩니다. 초등학생이 장기적으로 계획하고 실행하는 것은 목표를 설정하고 그에 따라 행동을 조절하는 능력이 발달하고 있음을 나타냅니다.

청소년기에는 인생 진로를 결정하기 위한 복잡한 의사결정과 미래를 설계하는 능력이 향상됩니다. 고등학생이 대학 입시를 위해 체계적인 학습 계획을 세우고 실천하는 것은 고도의 인지조절 능력을 보여줍니다. 그러나 이 시기에는 또래 압력과 즉각적인 보상에 민감하게 반응하는 경향이 있어, 장기적 목표보다 단기적 유혹에 빠지기 쉽습니다. 이는 감정과 보상을 처리하는 변연계邊緣系는 발달한 반면, 이성적 판단과 충동을 조절하는 전두엽이 아직 완전히 발달하지 않았기 때문입니다.

중장년기에 접어들면 인지조절 능력이 정점에 도달하여, 가정과 직장에서 복잡한 역할을 수행하며 개인적·사회적 목표를 달성하는 데 능숙해집니다. 풍부한 경험을 바탕으로 현명한 판단을 내리고 장기적 계획을 수립할 수 있게 됩니다. 하지만 이 시기에는 정보처리

속도와 작업기억 능력이 서서히 감소하기 시작하여, 새로운 기술 습득에 더 많은 시간이 필요할 수 있습니다.

노년기에는 일반적으로 인지기능의 저하가 나타나지만, 개인차가 크고 적절한 생활습관으로 이를 지연시킬 수 있습니다. 오히려 정서 조절 능력이 향상되어 스트레스 상황에 더욱 침착하게 대처하며, 오랜 경험에서 비롯된 지혜로운 판단력을 발휘하기도 합니다. 노년기의 인지조절 능력 변화는 단순한 쇠퇴가 아닌, 적응과 성장의 과정으로 볼 수 있습니다.

이처럼 인지조절 능력은 유전, 환경, 생활습관 등 다양한 요인의 영향을 받으며 생애주기에 걸쳐 역동적으로 변화합니다. 우리는 각 단계의 특성을 이해하고 지속적인 인지 활동, 운동, 사회적 교류를 통해 인지조절 능력을 유지하고 향상시킬 수 있습니다. 이는 곧 삶의 질을 높이고 의미있는 인생을 영위하는 데 기여할 것입니다.

장자의 철학으로 돌아가 보면, 인지조절 능력의 변화 또한 삶의 순환과 변화의 일부임을 알 수 있습니다. 우리는 이러한 변화를 수용하고 조화를 이루며 살아가야 할 것입니다. 인지조절 능력을 적절히 발휘하여 삶의 도전과제를 슬기롭게 헤쳐 나가는 것, 그것이 바로 우리가 추구해야 할 지혜로운 삶의 자세가 아닐까 생각합니다.

앎과 행동의 균형유지 위한 습관

인지조절은 기존 습관을 조정하거나 새로운 습관을 형성하여 설정된 목표를 달성하는 데 필수적인 도구입니다. 이는 삶의 전 과정에서 발전하고 변화하므로, 각 삶의 단계에 맞는 전략을 통해 인지능력을 향상시키는 것이 중요합니다.

영유아기에는 부모와의 상호작용을 통해 기본적인 자기조절 능력을 발달시키는 것이 핵심입니다. 일상생활의 규칙적인 반복과 다양한 놀이 활동을 통해 아이들은 자연스럽게 계획수립 능력과 인지조절 능력을 키워나갑니다.

초등학교 시기에는 스스로 숙제 계획표를 만들고 이를 지키는 습관을 들이는 것이 효과적입니다. 또한, 악기 연주나 스포츠 활동을 통해 집중력과 인내력을 동시에 키울 수 있으며, 이는 장기적인 목표 달성을 위한 노력하는 습관 형성에 도움이 됩니다.

청소년기는 뇌 발달의 중요한 시기로, 자기 주도적 학습능력을 기르는 것이 중요합니다. 학습목표 설정과 세부계획 수립, 목표기반 학습을 통한 문제해결 능력 향상 등이 이 시기의 주요 전략입니다. 더불어 명상과 마음챙김 훈련을 통해 충동적 감정을 조절하는 능력을 키우는 것도 필요합니다.

20대 중반의 청년기는 직업 선택, 결혼 문제, 사회적 관계 등에서 신중한 의사결정이 요구되는 시기입니다. 일일 계획 실천, 정기적인 자기평가, 멘토링 참여 등을 통해 인지조절 능력을 지속적으로 향상시켜 나가야 합니다.

중장년기에는 "시간은 금이다."라는 격언이 가장 잘 적용되는 시기로, 효과적인 시간관리가 매우 중요합니다. 우선순위 설정, 계획 수립 및 실행, 효율적인 자원 활용 등의 시간 관리 기술을 습득하고 일상에서 꾸준히 실천해야 합니다. 또한, 지속적인 학습과 새로운 기술 습득을 통해 인지적 유연성을 유지하는 것이 중요하며, 특히 50대부터 인지조절 능력이 감소할 우려가 있으므로 규칙적인 운동과 새로운 도전을 통해 그 능력을 적극적으로 관리해야 합니다.

노년기에는 인시조질 능력의 자연스러운 감소에 대비하여 뇌를 적극적으로 자극하는 활동이 필요합니다. 퍼즐 풀기, 독서, 글쓰기, 악기 연주, 새로운 언어 학습 등은 뇌의 신경 연결을 강화하고 주의력과 기억력을 향상시킵니다. 또한, 친지와의 정기적인 만남, 동호회 활동 등 사회적 교류를 유지하는 것이 인지 건강에 매우 중요합니다.

모든 연령대에서는 충분한 수면, 균형 잡힌 식단, 규칙적인 운동 습관을 길러야 합니다. 이러한 건강한 생활습관을 일상화하는 것이 인지조절 능력 향상의 기본이 됩니다. 또한, 각 삶의 단계마다 스트레스의 원인과 양상이 다르므로, 명상, 운동, 취미 활동, 사회적 지지 네트워크 구축 등 다양한 방법을 통해 스트레스를 효과적으로 관리해야 합니다.

인지조절 능력의 발달과 유지는 개인차가 크다는 점을 인식하는 것이 중요합니다. 유전적 요인, 환경, 교육수준, 생활습관 등에 따라 같은 연령대라도 인지조절 능력에 차이가 있을 수 있습니다. 그러므로 자신의 특성과 상황에 맞는 개별화된 전략을 수립하고 실천해야 합니다. 만약 인지조절에 지속적인 어려움을 겪는다면, 심리상담사, 인지행동치료 전문가, 신경심리학자 등의 전문가의 도움을 받는 것도 고려해볼 수 있습니다.

결론적으로, 인지조절 능력 향상을 위한 다양한 활동들은 단기간에 효과를 보기 어렵습니다. 따라서 각 생애주기에 맞는 적절한 방법을 선택하고, 이를 일상생활에 꾸준히 적용하여 습관화하는 것이 중요합니다. 이를 통해 장기적인 인지조절 능력 향상으로 앎과 행동의 균형을 유지하여 더욱 창조적이고 풍요로운 삶을 영위할 수 있을 것입니다.

5. 나쁜 습관을 멈추게 할 수 있는가?

"습관은 최고의 하인이거나, 최악의 주인이다."라는 말은 습관의 양면성을 명확히 보여줍니다. 우리의 삶은 습관이 만들어낸 결과물이라고 할 수 있으며, 이러한 습관을 어떻게 다루느냐가 인생의 중요한 갈림길이 됩니다. 모든 습관을 완벽히 통제하는 것은 불가능하며, 때로는 나쁜 습관이 우리 삶을 지배하기도 합니다. 성공적인 삶의 비결은 이러한 나쁜 습관을 어떻게 유익한 것으로 바꾸느냐에 달려 있습니다.

하지만 습관 변화는 결코 쉽지 않습니다. 오랫동안 반복해온 행동이나 사고방식을 바꾸는 것은 많은 노력과 인내를 필요로 합니다. 우리 뇌는 익숙한 패턴을 선호하기 때문에, 새로운 습관을 형성하는 과정에서 저항감을 느끼게 됩니다. 또한, 습관 변화는 단순히 행동을 바꾸는 것 이상으로, 우리의 환경, 생각, 감정 등 다양한 요소들이 복잡하게 얽혀 있습니다.

이번 절에서는 습관 변화에 대한 인식을 살펴보고, 습관 형성에 영향을 미치는 다양한 요소들의 상호작용을 분석합니다. 또한, 이러한 요소들을 효과적으로 조절하는 방법을 탐구하며, 습관 변화가 뇌 구조에 미치는 영향에 대해서도 알아봅니다. 이를 통해 나쁜 습관을 극복하고 긍정적인 습관을 형성하는 데 필요한 실질적인 통찰과 전략을 얻을 수 있을 것입니다.

과학 발전과 습관 변화 가능성

고대시대에는 습관을 도덕적 약점으로 여겼습니다. 반복적 행동은 의지력이 박약한 악덕으로 보았죠. 당시 철학자들은 이성적 선택이 습관을 변화시킨다고 주장하면서 그 가능성에 대해서는 다소 회의적인 시각을 가졌습니다. 그리고 종교가 지배하는 중세시대에 넘어와서 습관은 성격의 한 부분으로 간주되었습니다. 그래서 개인의 의지와 신앙을 통해 습관을 바꿀 수 있다고 믿었습니다. 하지만, 이 시기에도 습관의 변화 가능성에 대한 믿음은 강화되었지만, 여전히 개인의 의지력에 크게 의존하는 관점이 지배적이었습니다.

중세를 지나 계몽주의 시대에 이르러 과학적인 방법으로 습관에 접근하기 시작되었습니다. 습관이 어떻게 형성되는지에 대한 매커니즘을 탐구하기 시작했고, 이것이 행동주의 심리학의 기초가 되었습니다. 20세기에 접어들면서 심리학자들은 습관을 신경학에 기반을 두고 연구하기 시작했으며, 이는 습관 변화에 대한 더욱 체계적인 접근을 가능케 했습니다. 그 후 20세기 중반, 스키너_{B. F. Skinner}의 행동주의 이론은 습관 형성과 변화에 대한 새로운 시각을 제시하였습니다. 그의 조작적 조건화 이론은 보상과 처벌을 통해 습관을 형성하고 변화시킬 수 있다고 주장하였습니다. 이는 오늘날에 이르러 많이 논의되는 습관변화 전략의 기초가 되었습니다.

21세기에 들어서면서 신경과학과 인지심리학의 획기적인 발전으로 습관에 대한 이해도가 더욱 깊어졌습니다. 찰스 두히그_{Charles Duhigg}의 「습관의 힘 *The Power of Habit*」과 같은 저서들은 습관형성 과정과 변화 메커니즘에 대한 새로운 통찰을 제공했습니다. 오늘날 신경과학은 습관이 뇌의 깊숙한 곳에 자리잡은 기저핵에서 형성되며, 자극-반응-보상의 순환 고리를 통해 강화된다는 것을 밝혀냈습니다. 그리고 오늘날에는 습관 변화가 단순히 의지력의 문제가 아니라 환경 설계, 작은 변화의 누적, 그리고 신경 가소성을 활용한 접근이 필요하다고 강조하고 있습니다. 또한, 디지털 기술의 발전으로 습관 추적 앱과 같은 도구들이 개발되어, 개인이 자신의 습관을 더 쉽게 모니터링하고 변화시킬 수 있게 되었습니다.

따라서 현대 과학은 습관이 복잡한 심리학적·신경학적 과정임을 밝히면서 동시에 습관의 변화 가능성에 대한 믿음을 한층 더 강화시켰습니다. 지금도 과학적 증거를 바탕으로 한 다양한 습관변화 전략들이 개발되고 있습니다.

변화는 다양한 요소의 상호작용

달걀이 달걀인 채로 그대로 두면 상할 수밖에 없습니다. 상하기 전에 부화해야 합니다. 부화는 변화를 의미합니다. 우리는 삶을 지배하는 습관을 성실한 하인으로 변화시켜야 합니다. 이러한 습관 변화의 핵심은 반응 억제입니다.

반응 억제는 신경과학과 심리학에서 중요한 개념으로, 특정 행동이나 반응을 억제하는 능력을 말합니다. 예를 들어, 아이들이 수업 중에 떠들고 싶은 충동을 억제하거나, 운전 중에 휴대폰을 사용하고 싶은 욕구를 억제하는 것 등이 반응 억제에 해당합니다.

습관변화 과정에서 반응 억제가 작용하는 방식은 다음과 같습니다. 습관적 행동이 촉발$_{trigger}$되면, 습관을 담당하는 기저핵이 빠르게 활성화되어 자동화된 반응, 즉 습관적 행동을 촉발합니다. 이때 전두엽의 전전두피질은 고차원적 인지기능을 발휘하여 기저핵에서 촉발한 습관적 행동을 억제합니다. 이러한 과정이 반복되면서 새로운 습관이 자리 잡게 됩니다.

전두엽은 습관을 담당하는 기저핵으로 억제 신호를 보내 습관적 행동을 억제하고, 대안적인 행동을 선택할 수 있도록 합니다. 이 과정에서 억제성 신경전달물질인 GABA(감마-아미노부티르산)가 분비되어 습관적 행동의 반응 속도와 강도를 줄여줍니다.

또한, 보상과 동기부여에 관여하는 신경전달물질인 도파민도 습관 변화에 중요한 역할을 합니다. 새로운 행동이 보상을 받을 때 도파민이 분비되며, 이는 새로운 행동이 강화되는 것을 의미합니다. 반면, 기존 습관에 대한 보상이 없어지면 도파민 분비가 감소하여 그 습관이 약화됩니다.

세로토닌은 기분 조절과 충동 제어에 관여하는 신경전달물질로, 반응억제 능력과 연관이 있습니다. 세로토닌 수준이 적절히 유지되면 불필요한 반응을 억제하고 새로운 행동을 채택하는 데 도움이 됩니다.

신경 가소성可塑性도 습관 변화에 중요한 역할을 합니다. 신경 가소성은 신경세포와 연결 부위(시냅스)가 경험과 학습을 통해 변화하고 재구성되는 능력을 말합니다. 반복된 반응 억제와 새로운 행동의 실행은 뇌의 신경회로를 재설계합니다. 이 과정에서 신경세포 간의 연결 강도를 조절하는 장기강화LTP와 장기억제LTD 메커니즘이 작용하여 새로운 신경 연결을 강화하고 기존의 불필요한 연결을 약화시킵니다.

스트레스도 습관 변화에 영향을 미칩니다. 스트레스 상황에서는 부신에서 코르티솔이라는 호르몬이 분비되어 전두엽의 기능을 저하시키고 반응억제 능력을 감소시킵니다. 따라서 효과적인 습관 변화를 위해서는 스트레스 관리가 매우 중요합니다.

호르몬과 신경전달물질은 모두 화학 작용제이지만, 분비 위치와 작용 방식에 차이가 있습니다. 호르몬은 내분비 기관에서 분비되어 혈액을 통해 전신으로 운반되는 반면, 신경전달물질은 신경세포에서 분비되어 시냅스를 통해 다른 신경세포로 전달됩니다.

습관 변화의 신경생물학적 메커니즘은 전두엽에 의한 반응 억제, 기저핵의 활동 조절, 다양한 신경전달물질의 작용, 신경 가소성, 스트레스 등 복잡하고 다양한 요소들의 상호작용으로 이루어집니다. 이러한 이해를 바탕으로 뇌의 기능을 최적화하고 적절한 환경을 조성하는 등의 총체적인 접근이 효과적인 습관 변화를 이끌어 낼 수 있습니다.

좋은 것으로 나쁜 것을 감싼다.

최근 신경과학에서는 기억삭제와 기억와해에 관한 연구가 활발히 진행되고 있습니다. 기억삭제는 특정한 기억을 완전히 제거하는 것을 의미하며, 기억과 관련되는 신경화학적 과정을 방해하는 약물치료, 기억상실을 유도하는 전기자극, 특정기억을 형성하는 유전자 신경세포를 변형하는 유전자 편집 등의 방법이 연구되고 있습니다.

반면, 기억와해는 특정 기억을 완전히 삭제하기보다는 그 기억을 흐리게 하거나 덜 생각하게 만드는 것을 의미합니다. 이는 기억의 강도를 줄이거나 그 기억을 다시 형성하는 과정을 방해하는 것을 포함합니다. 예를 들어, 나쁜 기억을 회상하는 동안 특정 약물을 투여하면 그 기억이 덜 생생해지거나 덜 강렬해질 수 있습니다.

그러나 기억은 뇌에서 매우 복잡하게 저장되고 상호 작용하기 때문에 특정 기억을 타겟팅하는 것은 상당히 도전적인 과제입니다. 현재 과학적 연구는 특정 기억만 선택적으로 삭제하거나 와해시키는 데 많은 진전을 이루었지만, 완벽한 기술은 아직 개발되지 않았습니다.

기억삭제나 기억와해와 같은 방법은 나쁜 습관을 없애거나 변화시키는 데에 윤리적으로나 실용적으로 많은 문제를 안고 있습니다. 나쁜 기억도 인간의 학습과 생존에 중요한 역할을 할 수 있기 때문입니다. 예를 들어, 나쁜 경험을 기억함으로써 유사한 위험을 피할 수 있게 됩니다.

대신 우리는 과학적으로 입증된 더 안전하고 효과적인 방법들을 활용할 수 있습니다.

첫째, 습관형성의 매커니즘을 충분히 이해하여 특정 상황에서 반복되는 패턴을 정확히 인식하고 새로운 반응을 만들어 내는 것입니다. 예를 들어, 과식하는 습관이 있는 사람은 스트레스 상황에서 음식에 의지하는 패턴을 인식하고, 대신 명상이나 운동 같은 건강한 대처방법을 개발할 수 있습니다.

둘째, 나쁜 습관을 완전히 제거하려 하기보다는 더 긍정적인 행동으로 대체하는 것입니다. 예를 들어, 흡연사가 담배를 피우고 싶을 때마다 껌을 씹거나 심호흡을 하는 식으로 흡연에 사용되던 행동 패턴을 다른 행동으로 대체할 수 있습니다.

셋째, 습관변화 과정에서 실패를 두려워하지 않는 자세가 중요합니다. 습관 변화는 시간이 걸리는 과정이며, 중간에 실패를 경험하는 것은 자연스러운 일입니다. 실패를 학습의 기회로 삼고 계속해서 노력하는 것이 필요합니다.

이러한 방법들은 기억삭제나 기억와해와 달리 안전하고 윤리적이며, 장기적으로 더욱 효과적입니다. 습관 변화는 시간과 노력이 필요한 과정이지만, 이를 통해 얻는 개인적 성장과 삶의 질 향상은 그만한 가치가 있다고 생각합니다.

습관 변화는 뇌 구조 변화 과정

전기선은 피복으로 감싸여 있어 전기신호를 안전하고 빠르게 전달합니다. 이와 마찬가지로 우리 뇌의 신경세포 줄기섬유(축삭)를 감싸고 있는 전기 피복과 같은 물질을 미엘린myelin이라고 합니다. 미엘린은 주로 지방질과 단백질로 이루어져 있으며 여러 층으로 감싸져 있어, 신경 신호가 빠르고 정확하게 전달되도록 합니다. 이러한 미엘린은 습관 변화에 핵심적인 역할을 합니다.

미국의 저널리스트 다니엘 코일Daniel Coyle의 '탤런트 코드talent code'에 따르면, 우리가 특정 행동이나 기술을 반복적으로 수행할 때, 해당 신경세포 경로를 따라 미엘린이 더 두껍게 형성됩니다. 이 과정을 통해 신경신호가 더 빠르고 효율적으로 전달되며, 결과적으로 해당 행동이나 기술이 더욱 자동화되고 정교해집니다. 이러한 관점에서 습관 변화를 볼 때, 새로운 긍정적인 행동을 지속적으로 반복하면 그에 해당하는 신경회로에 미엘린이 형성되고 강화됩니다. 이는 새로운 습관이 점차 자연스럽고 자동화된 행동으로 발전하는 과정을 설명합니다.

다니엘 코일은 이러한 미엘린 형성 과정이 '깊은 연습deep practice'을 통해 가속화될 수 있다고 설명합니다. 깊은 연습은 단순히 어떤 행동을 반복하는 것 이상의 의미를 지닙니다. 그것은 자신의 수행에 대해 끊임없이 피드백을 받고, 개선점을 찾아 수정해 나가는 과정입니다. 이런 과정에서 우리의 뇌는 더 효율적이고 최적화된 신경회로를 만들기 위해 미엘린을 형성합니다.

깊은 연습은 공부工夫와도 일맥상통합니다. 공부工夫는 대장간에서 모루(工) 위에 달궈진 쇠를 향해 대장장이(夫)가 망치질하는 모습을 연상하게 합니다. 대장장이는 연장 만드는 기술을 익히고, 몸을 통해 망치질하여 정교한 연장을 만들어 냅니다. 이는 몸에 새겨진 기술로 연신 망치질하는 성실함이 결과를 만든다는 것입니다. 이는 몸의 근육과 머리의 근육을 동시에 활용하는 것입니다.

이런 원리는 습관 변화에도 동일하게 적용됩니다. 새로운 습관을 형성하려 할 때, 단순히 새로운 행동을 반복하는 것만으로는 부족합니다. 깊은 연습의 원리를 적용하여, 새로운 행동을 수행하는 과정에서 어려움을 인지하고, 이를 개선하기 위해 집중적으로 노력해야 합니다. 이 과정에서 관련 신경회로에 미엘린이 형성되며, 점차 그 행동이 습관으로 자리 잡게 되는 것입니다.

미엘린은 어린 시절에 집중적으로 생성되고 나이가 들면서 감소하는 것으로 알려져 있었으나, 최근 연구에 따르면 나이와 관계없이 전 생애주기에 지속적으로 형성될 수 있다는 것이 밝혀졌습니다. 이는 어떤 나이에도 새로운 습관을 형성하고 기술을 습득할 수 있다는 점을 시사합니다. 습관 변화에 필요한 미엘린 형성은 상당한 시간과 반복, 그리고 깊이 있는 연습이 요구됩니다. 이는 미엘린이 충분히 형성되어 해당 행동이 자연스러워질 때까지 계속되어야 합니다.

습관 변화는 단순한 반복의 문제가 아니라 뇌의 물리적 구조를 변화시키는 과정입니다. 따라서 우리는 실수를 인정하고 수정하는 집중적이고 지속적인 연습 과정을 통해 미엘린을 형성해 나가야 합니다. 이 과정에서 가장 중요한 것은 실패를 두려워하지 않는 자세입니다. 습관 변화의 여정에는 불가피한 실수와 좌절이 따르기 마련이지만, 이를 성장의 기회로 삼고 꾸준히 노력하는 것이 핵심입니다. 작은 성공을 축하하고, 실패로부터 배우며, 자신의 진전을 인정하는 것이 장기적인 습관 변화를 가능케 합니다. 이런 마음가짐으로 임할 때, 우리는 더 효과적으로 새로운 습관을 만들고 기존의 습관을 변화시킬 수 있을 것입니다.

습관 변화는 자제력보다 환경이다.

우공이산愚公移山은 중국 고전 열자列子에 나오는 이야기입니다. 우공은 이야기의 주인공입니다. 여기서 우愚는 우직함을 상징합니다. 우공은 집 앞을 가로막고 있는 큰 산을 없애기 위해 매일 조금씩 삽으로 산을 파내기 시작합니다. 사람들은 그를 비웃었지만, 우공은 포기하지 않고 결국에는 그의 의지력으로 산을 옮겼다는 이야기입니다. 이는 어떤 일을 성취하기 위해서 의지력이 필요하다는 것을 강조하고 있는 말입니다.

우리는 여기서 의지력과 자제력에 대한 명확한 정의가 필요합니다. 의지력은 장기적인 목표 달성을 위하여 지속적으로 노력하는 것을 말합니다. 자제력은 목표를 달성하는 과정에서 발생하는 단기적인 유혹에 저항하는 힘을 말합니다. 이를 마라톤 선수에 비유한다면, 의지력은 목표를 향해 묵묵히 달려가는 마라톤 선수의 모습이고, 자제력은 목표로 가는 도중에 목마름, 숨가쁨 등의 유혹을 참아내는 마라톤 선수의 모습과 같습니다. 즉, 자제력이 모여서 의지력이 되는 것입니다.

"자제력만으로 습관을 변화시킬 수 없다."는 말은 러셀 폴드랙Russell Poldrack의 '습관의 알고리즘'에서 주장하는 핵심개념 중 하나입니다. 그는 전통적인 관점, 즉 강한 의지를 가지고 그것을 견딜 수 있는 자제력만 있으면 습관을 바꿀 수 있다는 믿음에 도전하는 주장을 펼칩니다. 그는 자제력이 중요하긴 하지만, 그것만으로는 충분하지 않다고 말합니다. 그 이유는 자제력이 유한한 자원이기 때문입니다. 자제력은 지속적으로 사용하면 고갈될 수 있다는 점을 들고 있습니다.

이것은 미국 심리학교수 로이 바우마이스터Roy Baumeister가 발표한 자아 고갈ego depletion 이론입니다. 예를 들어, 하루 종일 과자를 먹지 않으려고 노력한 사람이 저녁에 과식하게 되는 경우가 이에 해당합니다. 작심삼일이 바로 자제력이 고갈되는 현상을 말하는 것입니다.

대신 그는 저서에서 환경 설계와 시스템 구축의 중요성을 강조합니다. 즉, 자제력이 덜 요구되는 환경을 만들고, 원하는 행동을 자동화하는 시스템을 구축하는 것이 훨씬 더 효과적이라는 것입니다. 이는 일상생활에서 쉽게 적용할 수 있습니다.

건강한 식습관을 기르고 싶다면, 단순히 의지력에 의존하여 과자를 먹지 않으려고 노력하는 대신, 집에 과자를 사놓지 않거나 과일을 눈에 잘 띄는 곳에 두는 등 환경을 변화시키는 것이 더 효과적일 수 있습니다. 이는 자제력을 덜 요구하면서도 원하는 습관 변화를 끌어낼 수 있습니다.

운동 습관을 들이고 싶다면, 매일 아침 의지력을 동원해 운동하러 가는 것보다는 운동복을 침대 옆에 준비해두거나, 출근길에 반드시 지나가는 곳에 헬스장을 등록하는 등의 방법이 더 효과적일 수 있습니다. 이는 운동하기 위한 의사결정의 횟수를 줄이고, 자연스럽게 운동을 일상에 통합시키는 방법입니다.

저축 습관을 기르고 싶다면, 매번 의지력을 발휘해 돈을 저축하려고 노력하는 대신 자동이체 시스템을 설정하여 나의 의지와 관계없이 자동으로 돈이 빠져나가도록 하는 것이 더 효과적일 수 있습니다. 이는 저축을 위해 매번 결정을 내리고 자제력을 발휘할 필요성을 제거해 줍니다.

스마트폰 사용 시간을 줄이고 싶다면, 단순히 의지력으로 참는 것보다는 화면 사용시간을 제한하는 앱을 설치하거나, 잠들기 전에는 스마트폰을 다른 방에 두는 등의 방법이 더 효과적일 수 있습니다. 이는 유혹 자체를 줄이는 환경을 만드는 것입니다.

또한, 작은 변화부터 시작하는 것이 중요하다고 강조합니다. 큰 변화를 한번에 이루려고 하면 많은 자제력이 필요하고 실패할 가능성이 높지만, 작은 변화부터 시작하면 성공 확률이 높아지고 점진적으로 더 큰 변화로 이어질 수 있습니다. 매일 1시간씩 운동하는 것을 목표로 하는 대신, 처음에는 5분씩 운동하는 것부터 시작할 수 있다는 것입니다. 이것은 성공하는 습관을 쌓아가는 것이 중요하다는 것을 의미합니다.

결과적으로 우리는 습관 변화에 있어서 자제력을 강조하기보다는 자제력을 덜 발휘할 수 있는 환경 설계가 중요하다는 것을 깨달아야 합니다. 자제력은 목표를 달성하는 데 여전히 중요하지만, 그것만으로는 충분하지 않습니다. 우리는 원하는 행동을 더 쉽게 할 수 있도록 환경을 조성하고, 작은 변화부터 시작하여 점진적으로 습관을 변화시켜 나가야 합니다. 이를 통해 우리는 자제력에 대한 의존도를 줄이고, 장기적으로 지속 가능한 습관 변화를 이뤄낼 수 있을 것입니다.

제2장

끊임없이 싸우는 마음의 습관

1. 마음이란 무엇인가?
2. 생각도 습관이다.
3. 감정은 조절이 가능한가?
4. 충동, 욕망 그리고 습관
5. 중독의 출발점은 습관이다.

제2장에서는 마음의 습관, 즉 생각과 감정의 패턴에 대해 알아봅니다. 반복되는 생각은 개념이 되고, 치우친 개념은 편견으로 이어질 수 있습니다. 감정 또한 잘 다루지 않으면 삶의 질을 저하시킬 수 있습니다. 뇌 과학적 관점에서 마음의 작동원리를 이해하고, 긍정적인 마음 습관을 기르는 방법을 모색해 보겠습니다.

1. 마음이란 무엇인가?

　마음, 이는 우리의 삶에 지대한 영향을 미치는 내면세계의 핵심입니다. 마음에 대해 가장 먼저 떠오르는 말은 불교 핵심사상인 일체유심조—切唯心造일 것입니다. "모든 것은 마음에서 나온다."라는 뜻으로, 신라시대 원효대사(617~686)의 깨달음에서 비롯되었습니다.

　원효대사는 중국으로 유학을 떠나던 중, 어느 무덤 앞 동굴에서 하룻밤을 지새우게 되었습니다. 그는 목이 말라 어느 바가지에 고인 물을 아주 맛있게 마시고 잠이 들었습니다. 그러나 아침에 일어나 보니, 그 물은 해골에 고인 물이었습니다. 순간 강렬한 역겨움을 느끼게 된 원효대사는 "모든 것은 마음에서 나온다."는 깨달음을 얻게 됩니다. 이 일화는 마음의 주관성과 인식의 변화가 우리의 감정과 행동에 어떤 영향을 미치는지 잘 보여줍니다.

　이렇듯 마음은 종교, 철학, 심리학, 신경과학 등 여러 분야에서 끊임없이 탐구되어 온 주제입니다. 마음은 어디에서 왔으며, 무엇으로 구성되어 있고, 어떤 역할을 하는 것일까요? 이번 절에서는 우리는 마음을 어떻게 인식하여 왔으며, 마음이 작동되는 원리를 살펴보고자 합니다. 나아가 내면세계를 지배하는 마음의 습관에 대해서도 알아보겠습니다.

마음에 대한 동서양 인식 통합

마음에 대한 인류의 인식은 오랜 역사를 통해 다양하게 발전해 왔습니다. 고대 문명에서는 마음에 대한 다양한 이해가 존재했습니다. 그리스 철학자 플라톤은 이데아 세계와 연결된 영혼과 육체의 이분법을 제시한 반면, 아리스토텔레스는 마음을 생명체의 기능적 원리로 간주하여 지적능력과 관련된 개념으로 정의했습니다.

동양에서는 불교, 유교, 도교 등 다양한 사상이 마음에 대한 독특한 관점을 형성했습니다. 불교는 마음을 변화하는 존재로 인식하고 수행을 통한 깨달음을 강조했고, 유교는 도덕적 실천과 윤리적 가치를, 도교는 '무위자연'의 사상을 통해 마음의 자연스러운 상태를 중요시했습니다.

중세에는 종교적 관점에서 마음이 영혼과 밀접하게 연관되었습니다. 서양에서는 마음을 신과의 관계 속에서 이해했고, 이슬람 황금기의 철학자들은 이성과 영성의 조화를 통해 마음을 탐구했습니다.

근대에 이르러 데카르트Descartes는 "나는 생각한다. 고로 존재한다."라는 명제로 심신이원론의 기초를 마련했습니다. 그는 마음을 자기인식의 중심으로 여기고 육체는 그것을 아는 것에 불과하다고 했습니다. 동양에서는 성리학과 양명학 등을 통해 마음에 대한 철학적 탐구가 심화되었습니다. 성리학은 우주의 본질을 설명하기 위해 이理와 기氣의 개념을 사용했고, 양명학은 심즉리心卽理, 즉 마음이 곧 이치라는 관점을 제시했습니다.

현대에는 심리학이 독립적인 학문으로 발전하면서 마음에 대한 과학적 연구가 본격화되었습니다. 프로이트 Sigmund Freud의 정신분석학, 행동주의, 인지심리학 등 다양한 학파가 등장했고, 각각 마음을 무의식, 행동, 정보처리 과정으로 설명하려 했습니다. 동시에 동양의 전통적 명상기법과 현대 심리학의 접목도 이루어졌는데, 마음챙김 기반 치료법이 대표적인 사례입니다.

신경과학의 발전은 동서양의 마음에 대한 인식을 통합하는 데에 크게 기여했습니다. 뇌 영상 기술을 통해 우리는 특정 사고나 감정이 두뇌의 어떤 부위에서 어떻게 활성화되는지를 생생하게 포착할 수 있게 되었습니다. 이는 마음이 어떻게 작동하는지에 대한 우리의 이해를 획기적으로 증진시켰을 뿐만 아니라, 동양에서 오랫동안 축적해온 마음에 대한 통찰과 현대 뇌과학의 지식을 연결하는 가교 역할을 했습니다. 명상에 대한 신경과학적 연구는 전통적 마음 수련법과 현대 과학의 만남을 보여주는 좋은 예입니다.

최근 인공지능AI의 발전은 마음에 대한 새로운 질문을 제기하고 있습니다. AI가 인간 수준의 지능과 의식을 가질 수 있는지, 그리고 그것이 의미하는 바가 무엇인지에 대한 논의가 활발히 진행되고 있습니다. 또한, AI의 윤리적 사용과 도덕적 판단 능력도 중요한 화두로 떠오르고 있습니다.

역사적으로 마음에 대한 인식은 신비주의에서 과학적 탐구로, 그리고 현재는 기술적 모방과 철학적 재고찰의 단계로 진화해 왔습니다. 앞으로 AI와 신경과학의 발전에 따라 마음에 대한 우리의 이해는 더욱 깊어질 것입니다. 이 과정에서 동서양의 지혜를 통합하고 과학과 철학, 그리고 기술의 경계를 넘나드는 통합적 접근이 필요할 것입니다. 이를 통해 우리는 마음의 본질에 대한 더욱 심오한 통찰을 얻을 수 있을 것입니다.

마음은 머리에 있는가? 심장에 있는가?

마음의 소재에 대한 질문은 오랜 세월 동안 철학자와 과학자들의 논쟁 주제였습니다. 우리는 흔히 마음heart을 감정, 심정과 연결지어 심장에, 정신mind을 지성, 사고와 연결 지어 뇌에 위치시킵니다. 하지만 마음이 어디에 자리 잡고 있는지에 대해서는 다양한 관점이 존재해왔습니다. 우리는 마음의 소재에 대한 역사적·과학적·철학적 논의를 살펴봄으로써 마음의 본질에 대한 이해를 넓혀보고자 합니다.

고대 이집트인들은 심장을 지성과 감정의 중심으로 여긴 반면, 뇌는 중요하지 않은 기관으로 취급했습니다. 그들이 미라 제작 과정에서 뇌는 제거하고 심장은 보존한 것이 이를 뒷받침합니다. 반대로 고대 그리스의 의학자 히포크라테스는 뇌가 지성의 근원이라고 주장했습니다 중세 시대에는 종교적 관점에서 심장이 영혼의 보금자리로 여겨져 심장 중심설이 우세했습니다. 그러나 신경과학의 발전으로 뇌의 기능에 대한 이해가 깊어지면서, 뇌가 인지와 감정을 포함한 마음의 활동을 관장한다는 견해가 과학계의 주류로 자리 잡았습니다.

현대 과학은 사고, 감정, 의식의 핵심기관으로서 뇌의 역할을 명확히 하고 있습니다. 특히 기능적 자기공명영상fMRI과 같은 기술의 발달로 특정 감정이나 사고 과정이 뇌의 어떤 부위와 연관되는지 구체적으로 관찰할 수 있게 되었습니다. 일례로 공포 감정은 편도체, 의사결정은 전전두피질과 밀접한 관련이 있다는 사실이 밝혀졌습니다.

하지만 심장과 뇌의 긴밀한 연결 또한 인정받고 있습니다. 심장은 단순한 혈액 순환기관이 아니라 독립적인 신경 네트워크를 갖춘 '작은 뇌'로 불리기도 합니다. 이 심장 신경계는 뇌와 유사하게 감각 정보를 수용하고 처리하여 심장 활동을 조절하는 신호를 생성합니다. 또한, 운동에 따른 심장박동 리듬의 변화와 같이 심장 신경계의 학습능력도 관찰되고 있습니다. 이처럼 심장과 뇌는 서로 독립적이면서도 끊임없이 소통하고 영향을 주고받는 관계에 있는 것이죠.

최근에는 장과 뇌의 상호작용, 즉 장-뇌 축gut-brain axis의 중요성이 주목받고 있습니다. 소화기 시스템이 우리의 기분과 인지능력에 영향을 미칠 수 있다는 연구 결과들은 마음의 작용이 뇌나 심장에 국한되지 않고 우리 몸 전체와 연결되어 있음을 시사합니다.

현대 과학은 마음을 뇌의 기능으로 보는 동시에 신체 전반과의 연관성을 인정하는 추세입니다. 인지과학의 체화된 인지이론embodied cognition theory은 인간의 인지과정이 뇌 속에서만 일어나는 것이 아니라 몸 전체와 환경과의 상호작용을 통해 형성된다고 봅니다. 이 이론은 전통적인 심신 이원론을 넘어 마음, 몸, 환경을 통합적으로 바라보려 한다는 점에서 주목할 만합니다.

동양철학 또한 마음에 대해 독특한 시각을 제공합니다. 유교는 마음을 신체의 일부로 국한하지 않고 인간 전체를 아우르는 개념으로 이해합니다. 도가에서는 마음을 우주적 기氣와 연결된 것으로 보고, 자연의 흐름에 순응하는 마음 상태를 추구합니다. 불교에서는 마음을 현실을 인식하고 해석하는 주체로 보며, 마음의 작용에 따라 고통과 해탈이 결정된다고 가르칩니다. 동양철학에서의 마음은 개인의 신체를 넘어서는 우주적, 철학적 의미를 지니고 있어 현대의 통합적 접근과 일맥상통하는 바가 있습니다.

서양철학계에서도 마음의 본질에 대해 다양한 관점에서 논의가 진행되고 있습니다. 그중 하나인 기능주의는 마음을 하나의 시스템으로 바라봅니다. 마치 컴퓨터가 특정 기능을 수행하기 위해 프로그램을 실행하는 것처럼, 마음도 인간이 생각하고 느끼는 등의 기능을 수행하는 시스템이라는 것입니다. 반면, 물리주의는 마음을 물리적인 실체, 즉 뇌의 상태로 설명하려 합니다. 우리가 경험하는 모든 감정, 사고, 의식 등은 결국 뇌에서 일어나는 물리적·화학적 작용의 결과라는 것입니다. 물리주의자들은 마음을 뇌의 활동으로 완전히 환원할 수 있다고 주장합니다. 이러한 다양한 시각들은 마음에 대한 우리의 이해를 보다 입체적이고 풍부하게 만들어 줍니다.

결국 "마음은 머리에 있는가, 심장에 있는가?"라는 물음에 대한 답은 시대와 문화에 따라 다양했습니다. 현대 과학은 뇌의 중추적 역할을 강조하면서도, 마음의 온전한 이해를 위해서는 심장을 비롯한 신체 전반과 환경과의 상호작용을 아우르는 통합적 관점이 필요함을 인식하고 있습니다. 앞으로 신경과학, 심리학, 철학, 인공지능 등 여러 분야의 학자들이 협력하여 마음의 본질에 대한 탐구를 이어간다면, 우리는 마음에 대한 보다 심오하고 포괄적인 통찰을 얻을 수 있을 것입니다.

마음은 네트워크 시스템이다.

현대 신경과학과 인지과학은 마음을 전통적인 심신이원론이나 환원주의를 넘어, 다층적이고 역동적인 시스템으로 바라보는 새로운 패러다임을 제시하고 있습니다. 이는 단순히 학문적 호기심의 문제가 아니라, 마음에 대한 올바른 이해가 정신건강, 교육, 인공지능 등 다양한 분야에 중대한 영향을 미칠 수 있기 때문입니다.

신경과학적 관점에서 볼 때, 뇌는 수백억 개의 뉴런과 수조 개의 시냅스로 이루어진 거대한 네트워크입니다. 각각의 뉴런은 수천 개의 다른 뉴런과 연결되어 전기적·화학적 신호를 끊임없이 주고받습니다. 이러한 복잡한 연결성이 우리의 생각, 감정, 행동을 가능케 합니다. 최근 연구에 따르면, 특정 인지기능은 뇌의 한 영역에 국한되지 않고 여러 영역의 협력으로 이루어집니다. 일례로 언어 처리는 측두엽의 브로카, 베르니케 영역에만 한정된 것으로 여겨졌으나, 실제로는 훨씬 더 광범위한 뇌 네트워크가 관여하는 것으로 밝혀졌습니다. 또한, 뇌의 가소성plasticity, 즉 지식이나 경험을 통해 뉴런 간 연결을 변화시킬 수 있는 능력은 기억과 학습의 기초가 됩니다. 이는 마음이 고정불변의 실체가 아니라 역동적으로 재구성되는 시스템임을 시사합니다.

인지과학에서는 인간의 인식이 단순한 감각정보의 수용이 아니라, 기존 지식과 경험에 기반한 정보의 해석과 의미를 부여하는 과정이라고 봅니다. 이 인식과정은 다양한 인지과정들의 네트워크로 이루어집니다. 특히 병렬분산처리parallel distributed processing 모델은 마음을 네트워크 시스템으로 보는 대표적 이론입니다. 이 모델에서는 많은 단순처리단위들이 동시다발적으로 작동하여 인지과정을 구현하는데, 각 단위는 서로 연결되어 정보가 네트워크 전반에 분산 처리됩니다. 이는 인지의 복잡성, 유연성, 적응성을 잘 설명해 주며, 인공지능 분야에도 중요한 통찰을 제공합니다.

한편 복잡계 과학complex systems science은 개별 요소들의 상호작용으로 전체 시스템이 형성되는 현상을 탐구하는데, 인간의 마음 역시 개별 뉴런, 인지과정, 감정 등이 상호작용하여 만들어진 복합 시스템으로 이해할 수 있습니다. 나아가 우울증, 조현병 등과 같은 정신질환도 특정 뇌 영역의 문제라기보다는 뇌 네트워크 기능의 이상으로 인해 발병한다고 보는 견해가 힘을 얻고 있으며, 이는 통합적 치료 접근의 필요성을 시사합니다.

다만 마음을 단순한 시스템으로만 환원할 수는 없습니다. 의식의 주관성과 객관성의 경계가 모호하다는 점, 그리고 아직 과학이 풀어내야 할 수많은 난제들이 남아 있기 때문입니다. 그럼에도 불구하고 인지과정, 감정, 행동의 복잡성과 유연성을 설명하기에 마음을 네트워크 시스템으로 보는 관점만큼 적합한 것도 없습니다.

따라서 이 관점은 뇌 과학, 인지과학, 심리학, 철학 등 다양한 분야에서 마음을 이해하는 새로운 프레임워크를 제공하고 있습니다. 앞으로 이 네트워크의 정확한 작동원리와 구조를 밝혀내기 위한 더 많은 연구가 필요할 것입니다. 우리의 마음이 어떻게 작동하는지, 그리고 우리가 어떻게 생각하고 느끼며 행동하는지에 대한 궁극적인 이해에 한 걸음 더 다가가기 위해서 말입니다.

마음습관은 행동습관의 배경

우리의 몸이 반복적인 움직임을 통해 행동습관을 형성하듯이, 마음도 반복되는 사고와 감정의 패턴을 통해 마음습관을 만들어갑니다. 마음습관이란 우리의 내면에서 일어나는 사고, 감정 등의 반응 패턴을 의미하는 심리학적 개념으로, 오랜 시간에 걸쳐 개인의 경험, 환경, 교육, 그리고 반복된 사고의 영향을 받아 형성됩니다.

마음습관의 형성에는 신경 가소성의 원리가 핵심적인 역할을 합니다. 우리가 특정한 방식으로 반복해서 생각하고 느낄 때, 뇌의 해당 신경회로가 강화되어 점차 그러한 반응이 자동화되는 것이죠. 긍정적인 사고를 자주 하는 사람은 긍정적인 마음습관을, 부정적인 사고에 빠지기 쉬운 사람은 부정적인 마음습관을 형성하게 됩니다.

마음습관과 행동습관은 밀접하게 연관되어 있지만, 중요한 차이점이 있습니다. 행동습관이 외부로 관찰 가능한 구체적 행위 패턴이라면, 마음습관은 우리 내면의 인지적·정서적 과정을 가리킵니다. 예를 들어, 규칙적인 운동은 행동습관이지만, 운동에 대한 긍정적인 생각과 동기부여는 마음습관입니다. 많은 경우, 행동의 지속적인 변화를 위해서는 먼저 마음습관의 변화가 선행되어야 합니다. 하지만 마음습관은 직접 관찰하기 어렵기 때문에, 행동습관보다 변화시키기가 쉽지 않습니다. 따라서 자신의 마음습관을 객관적으로 인식하고 평가하는 능력을 기르는 것이 중요한 과제입니다.

우리의 삶의 질은 마음습관의 영향을 크게 받습니다. 긍정적인 마음습관은 스트레스를 줄이고, 대인관계를 개선하며, 업무 성과를 높이는 등 다양한 이점을 가져다줍니다. 반면, 부정적인 마음습관은 우울, 불안 등 정신건강 문제의 원인이 될 수 있습니다. 따라서 건강한 마음습관의 형성과 유지는 개인의 행복과 성장뿐 아니라, 사회 전반의 발전을 위해서도 필수적입니다.

나아가 마음습관은 개인을 넘어 우리가 속한 다양한 집단과 사회 전체에도 영향을 미칩니다. 한 사람의 마음습관은 가족, 직장, 지역 사회 등에서의 상호작용을 통해 다른 이들에게 전파되는 것입니다. 긍정적인 마음습관을 지닌 리더는 팀 전체의 사기와 생산성을 높일 수 있는 반면, 부정적 마음습관이 만연한 사회는 전반적인 삶의 질 하락과 각종 문제 증가로 이어질 수 있습니다. 그러므로 개개인의 마음습관 개선을 위한 노력은 궁극적으로 우리 사회의 건강과 발전을 위해서도 중요한 의미를 갖습니다.

마음습관은 삶의 단계에 따라서도 다른 양상을 보입니다. 아동기에는 부모와 주 양육자의 영향을 많이 받아 기본적인 마음습관이 형성되는데, 이 시기 안정적인 애착과 긍정적 자아상의 발달이 평생의 마음습관 형성에 토대가 됩니다. 청소년기에는 또래와의 관계와 사회적 비교가 중요해지면서 자아정체성과 관련된 마음습관이 주로 발달하는데, 이때 형성된 자기 효능감과 회복 탄력성은 성인기 삶의 많은 부분을 좌우합니다. 성인기에 접어들면 일, 결혼, 자녀 양육 등 다양한 경험을 통해 마음습관이 더 공고화되거나 변화하는데, 이 시기 자신의 마음습관을 돌아보고 의식적으로 개선하려 노력하는 것이 중요합니다. 노년기에 이르면 지나온 삶을 되돌아보며 통합적 관점의 마음습관을 형성하게 되고, 이는 노년기 삶의 만족도를 크게 좌우하게 됩니다. 실제로 많은 연구에서 노년기의 낙관성, 자아 통합성, 초월성 등의 마음습관이 성공적 노화와 밀접한 관련이 있음을 보고하고 있습니다.

이처럼 마음습관은 단순한 사고의 패턴을 넘어, 우리의 감정, 행동, 그리고 삶의 궤적을 형성하는 핵심 요인입니다. 자신의 마음습관을 이해하고 점검하여 보다 건강하고 긍정적인 방향으로 개선해 나가려는 노력은 개인의 성장과 행복, 그리고 우리 사회 전체의 지속 가능한 발전을 위해 반드시 필요한 과정이라 할 수 있습니다. 그리고 이를 위해서는 각 생애주기에 적합한 마음습관의 형성과 변화를 지원하는 개인적·사회적 노력이 필수적입니다. 우리 모두가 건강하고 긍정적인 마음습관을 발달시켜 나갈 때, 보다 행복하고 조화로운 개인과 사회를 만들어갈 수 있을 것입니다.

2. 생각도 습관이다.

우리는 세상을 있는 그대로 보는 것이 아니라, 우리의 생각을 통해 세상을 바라봅니다. 우리의 감각기관은 현실의 일부만을 포착하고, 뇌는 이를 해석하여 나름의 세계를 구성합니다. 따라서 모든 사람은 자신만의 주관적인 세계를 만들어냅니다. 이는 구글이나 페이스북 같은 인터넷 정보제공회사가 사용자의 취향에 맞는 정보만 제공하는 '필터 버블Filter Bubble' 현상과도 유사합니다.

우리는 객관적 외부 실체와 주관적 내부 실체, 두 가지 실체를 가지고 있습니다. 객관적 외부 실체는 물리적 세계로, 우리의 의식이 배제된 시간과 공간의 관계로만 이루어진 세상입니다. 반면, 주관적 내부 실체는 생존이라는 근본적인 생물학적 동력에 따라 작동하기에, 우리는 외부 세계를 있는 그대로 보기보다는 생존에 유리한 방식으로 해석하게 됩니다. 이는 진화의 산물이라 할 수 있습니다.

노벨상 수상자 에델만Gerald Edelman은 세컨드 네이처라는 개념을 통해, 후천적 학습에 의해 형성된 사고방식이 마치 선천적인 것처럼 고착될 수 있음을 설명했습니다. 그에 따르면, 이렇게 굳어진 사고방식은 개인의 편견이나 고정관념으로 이어질 수 있습니다.

이번 절에서는 에델만의 '세컨드 네이처' 개념을 바탕으로, 생각이 형성되는 과정과 그것이 어떻게 오만과 편견으로 변질될 수 있는지 살펴보고자 합니다. 우리가 무심코 당연하게 여기는 생각의 습관을 돌아보고, 그 한계와 위험성을 인식하는 것은 매우 중요합니다. 이를 통해 우리는 열린 마음으로 세상을 바라보고, 다양한 관점을 수용할 수 있게 될 것입니다.

외부세계에는 의미가 없다.

여기서는 생물학 분야 노벨상 수상자인 제럴드 에델만의 '세컨드 네이처Second Nature' 개념을 참조하여, 우리의 생각을 구성하는 지식과 의식의 본질에 대해 알아보고자 합니다. 에델만은 뇌 과학 연구결과를 바탕으로, 인간의 지식과 의식이 형성되고 저장되는 작동원리를 다음과 같이 논리적으로 설명합니다.

첫째, 인간의 인식은 뇌 과학에 기반을 둔다는 점입니다. 에델만에 따르면, 뇌의 신경세포들이 연결되어 신경망을 이루고, 이것이 지식의 기반이 됩니다. 이는 인간의 지식이 단순히 외부정보를 수동적으로 받아들이는 것이 아니라, 뇌의 능동적인 활동을 통해 만들어진다는 것을 의미합니다.

둘째, 뇌는 선택적 시스템으로 작동합니다. 뇌는 끊임없이 방대한 양의 정보를 받아들이지만, 그중 일부 정보만을 선택적으로 처리하고 기억합니다. 이러한 선택 과정은 뇌가 축적한 경험과 기억에 의해 영향을 받습니다. 이를 통해 우리의 지식과 사고방식이 형성되는 것입니다.

셋째, 뇌는 상징적 표현을 기반으로 합니다. 인간이 사용하는 언어와 사고는 상징적 표현에 기초합니다. 우리는 개념과 사물을 상징으로 나타내고, 이 상징들을 조작하여 추론하고 판단을 내립니다. 에델만은 이러한 상징적 표현능력이 인간을 다른 동물과 구별 짓는 중요한 특징이라고 강조합니다.

이러한 작동원리에 따라, 우리는 외부세계에 존재하지 않는 의미를 창조하는 사례들을 일상에서 흔히 볼 수 있습니다. 가령 길을 걸을 때를 생각해 봅시다. 길 양쪽에는 다양한 사물들이 있지만, 우리는 그중 일부만을 주의 깊게 관찰하고 기억합니다. 무엇을 관찰하고 기억할지는 개인의 경험, 관심사, 목표 등에 따라 달라집니다. 즉, 외부세계 자체에는 어떤 의미도 내재되어 있지 않으며, 우리가 선택하고 해석하는 과정에서 비로소 의미가 부여되는 것입니다. 이는 입력된 정보와 행동 출력 사이에 뇌의 선택과 해석이라는 과정이 존재함을 뜻합니다. 그래서 에델만은 "우리는 외부세계를 있는 그대로 받아들이지 않고, 우리 자신의 뇌가 경험한 것에 따라 재구성한다."라고 말한 것입니다.

한편, 에델만은 '퍼스트 네이처First Nature'와 '세컨드 네이처'를 구분합니다. 퍼스트 네이처는 유전적 프로그램에 의해 타고나는 본능과 능력을, 세컨드 네이처는 개인의 경험과 학습을 통해 형성되는 지식과 능력을 의미합니다. 모든 생명체는 생존과 번식 같은 기본적인 생물학적 기능 수행에 필요한 본능과 능력을 타고납니다. 이를테면 신생아는 태어나면서부터 젖을 빨 수 있는 반사 능력을 지니는데, 이는 퍼스트 네이처에 의해 결정됩니다.

반면 세컨드 네이처는 언어, 문화, 기술 등 인간 고유의 특징을 포괄하며, 개인마다 다르고 시간이 흐름에 따라 변화합니다. 그러나 이 둘은 밀접하게 연관되어 있습니다. 예컨대 인간은 언어를 배우고 사용할 수 있는 잠재력을 타고나지만, 실제로 언어를 학습하고 사용하기 위해서는 퍼스트 네이처가 제공하는 초기 인지능력이 필요합니다. 또한, 인간은 자연에 대한 본능적 소양을 가지고 태어나지만, 과학, 기술, 예술 등의 분야에서 지식을 쌓고 경험을 통해 타고난 능력을 발전시키고 확장시킬 수 있습니다. 이처럼 퍼스트 네이처와 세컨드 네이처는 인간의 지식과 능력 형성에 상호보완적인 역할을 합니다.

생각은 끊임없이 재구성된다.

앞서 설명한 바와 같이, 세컨드 네이처는 우리의 일상적인 사고방식과 행동 패턴을 형성합니다. 우리가 세상을 바라보는 방식, 문제를 해결하는 접근법, 다른 사람들과 상호작용하는 방식 등 모든 것이 세컨드 네이처의 영향을 받습니다. 예를 들어, 우리가 어떤 사물을 볼 때, 그 사물에 대한 우리의 반응은 단순히 그 사물의 물리적 특성에 의한 것이 아닙니다. 우리가 이전에 그 사물과 관련된 경험, 학습한 지식, 그리고 그 사물에 대해 가진 감정 등 모든 것이 복합적으로 작용하여 우리의 반응을 결정합니다.

개인적 차원에서 세컨드 네이처는 우리의 정체성을 형성합니다. 우리가 누구인지, 무엇을 좋아하고 싫어하는지, 어떤 가치관을 가지고 있는지 등은 모두 세컨드 네이처의 결과입니다. 이는 우리의 직업 선택, 인간관계, 삶의 목표 설정 등에 직접적인 영향을 미칩니다. 또한, 세컨드 네이처는 우리의 학습능력과 창의성에도 영향을 줍니다. 우리가 새로운 정보를 어떻게 받아들이고 해석하는지, 그리고 그 정보를 바탕으로 어떻게 새로운 아이디어를 창출하는지는 우리의 세컨드 네이처에 크게 의존합니다.

사회적 차원에서 세컨드 네이처는 문화를 형성하고 유지하는 데 중요한 역할을 합니다. 사회의 규범, 가치관, 관습 등은 모두 구성원들의 세컨드 네이처가 집단적으로 표현된 것이라고 볼 수 있습니다. 예를 들어, 어떤 사회가 개인주의적인 사회이고 집단주의적 사회인지는 그 구성원들의 세컨드 네이처에 따라 결정됩니다. 또한, 사회 변화와 발전, 교육 시스템, 경제활동 그리고 우리의 윤리적 판단과 도덕적 행동에까지도 영향을 미치고 있는 것입니다.

이처럼, 우리의 인식과 사고는 단순한 생물학적 반응을 넘어서, 우리의 경험과 학습에 의해 끊임없이 재구성되고 발전하는 복잡한 과정입니다. 우리는 외부 세상을 존재하는 그 자체로 받아들이지 않고, 우리의 경험과 지식을 바탕으로 다시 구성합니다. 이것이 바로 에델만이 강조한 '세컨드 네이처'의 본질입니다. 따라서 우리는 우리의 생각과 행동을 이해하고 변화시키기 위해서는 우리의 '세컨드 네이처'를 이해하는 것이 중요합니다. 우리의 지식과 경험, 그리고 이를 바탕으로 한 사고방식과 행동 패턴을 인식하고, 필요한 경우 이를 변화시키는 노력이 필요합니다. 이를 통해 우리는 보다 나은 자기 이해와 성장을 이룰 수 있을 것입니다.

생각 형성은 역동적 과정이다.

생각은 마음의 중요한 요소로, 개념, 판단, 추론, 문제해결 등 마음속에서 일어나는 다양한 인지적 활동을 포함합니다. 생각은 언어를 통해 표현되기도 하고, 추상화와 상징화를 통해 새로운 의미를 부여하기도 합니다. 이러한 생각은 뇌의 신경 네트워크를 통한 역동적인 과정을 거쳐 형성됩니다. 이 과정은 외부 자극의 감지에서 시작하여 정보처리, 기억 형성, 그리고 최종적인 생각의 생성에 이르는 복잡한 단계를 포함하며 그 과정은 아래와 같습니다.

첫째, 외부자극이 감각기관을 통해 뇌로 전달되는 과정이 있습니다. 시각, 청각, 촉각, 후각, 미각 등의 감각정보가 각각의 신경경로를 통해 뇌의 해당 영역으로 전송됩니다. 이때 시상視床이 중요한 중계역할을 하는데, 시상에서 초기 필터링이 일어나 모든 자극이 동등하게 처리되는 것이 아니라, 중요도에 따라 선별적으로 선택되고 순위가 매겨집니다.

둘째, 전달된 정보는 뇌의 여러 영역에서 병렬적으로 처리됩니다. 예를 들어, 시각정보는 후두엽에서, 언어정보는 측두엽과 전두엽에서 처리됩니다. 이 과정에서 뇌는 입력된 정보를 기존의 지식과 경험과 연관되어 해석하고, 새로운 정보에 의미를 부여하며 맥락화합니다.

셋째, 처리된 정보는 기억 시스템과 상호작용합니다. 단기기억, 작업기억, 장기기억 등 다양한 유형의 기억이 이 과정에 관여합니다. 특히, 작업기억은 생각을 편집해 내는 데 핵심적인 역할을 하며 주로 전두엽에서 관리됩니다. 새로운 정보는 기존의 기억과 연결되어 더욱 복잡하고 풍부한 의미 네트워크를 형성하게 되는데, 이때 측두엽 양쪽에 위치한 해마가 새로운 정보의 저장과 기존 기억의 활성화를 조율하는 데 중요한 역할을 합니다.

넷째, 정보처리와 기억의 상호작용을 바탕으로 실제 생각이 형성되는 단계가 있습니다. 이는 주로 전전두피질에서 일어나는데, 이는 추론, 판단, 계획 등 고차원적인 인지기능을 담당합니다. 또한, 충동적인 행동을 억제하고 장기목표를 위해 계획을 세우는 데에도 전전두피질이 중요한 역할을 합니다. 이 단계에서는 개인의 경험, 문화적 배경, 교육 등이 생각 형성에 큰 영향을 미칩니다.

다섯째, 형성된 생각은 피드백 루프feedback loop를 통해 주의집중과 정보처리 방식에 영향을 줍니다. 이는 우리가 어떤 정보에 더 주목하고, 그 정보를 어떻게 해석할지를 결정하는 데 중요한 역할을 하는데, 전두엽의 주의력 조절 시스템이 이 과정을 관장합니다. 이러한 순환적 과정을 통해 우리의 생각은 지속적으로 진화하고 발전합니다.

여섯째, 사회적 상호작용 또한 생각 형성에 중요한 영향을 미칩니다. 다른 사람들과의 대화, 토론, 협력 등을 통해 우리의 사고는 더욱 풍부해지고 다양해지는데, 이때 거울mirror 뉴런 시스템 이 중요한 역할을 합니다. 거울 뉴런 시스템은 타인의 행동을 관찰할 때 활성화되는 신경 시스템으로, 타인의 행위를 모방하고 감정을 이해하는 데 관여합니다.

일곱째, 생각 형성과정은 끊임없이 진행되는 동적인 과정입니다. 이는 신경 가소성의 개념과 연결되는데, 신경 가소성이란 새로운 경험과 학습을 통해 뇌의 신경 연결이 지속적으로 재구성되는 능력을 말합니다. 신경 가소성 덕분에 우리는 평생에 걸쳐 새로운 것을 배우고 새로운 환경에 적응할 수 있습니다.

요컨대, 인간의 생각 형성과정은 단순히 외부정보를 수동적으로 받아들이는 것이 아니라, 뇌의 다양한 영역과 시스템이 역동적으로 상호작용하는 복잡한 과정입니다. 이 과정은 개인의 경험, 문화적 배경, 감정상태, 사회적 상호작용 등 다양한 요소의 영향을 받으며, 신경 가소성을 통해 지속적으로 변화하고 발전합니다. 이러한 이해는 우리가 자신의 사고과정을 더 잘 인식하고, 더욱 효과적으로 학습하며, 더욱 나은 의사결정을 내리는 데 도움이 될 것입니다.

생각은 기억의 동영상이다.

신경과학 연구에 따르면, 우리의 뇌는 경험과 지식을 저장할 때 주로 시각적 형태로 처리합니다. 이는 인간의 뇌가 진화과정에서 시각 정보처리에 특화되었기 때문입니다. 예를 들어, 힘겨운 등산 경험을 회상할 때, 우리는 주로 산의 험준한 모습, 땀 흘리는 자신의 모습, 정상에서 본 풍경 등을 시각적 이미지로 떠올리게 됩니다. 특히, 측두엽에 있는 해마는 단기기억을 장기기억으로 전환하는 과정에서 경험을 압축하고 추상화하여 일종의 이미지 형태로 저장합니다. 이 과정에서 불필요한 세부사항은 제거되고, 핵심적인 요소만 남게 되는데, 이는 마치 고해상도 사진을 저해상도로 변환하는 것과 유사합니다. 이러한 추상화 과정은 기억의 본질을 보존하면서도 효율적인 저장을 가능하게 합니다.

최신 뇌 촬영기술은 우리가 생각할 때에 뇌의 여러 영역이 동시에 활성화되며, 이 활성화 패턴이 시간에 따라 변화한다는 것을 보여줍니다. 예를 들어, 휴가 계획을 세울 때, 우리의 뇌는 과거 휴가경험의 이미지와 가고 싶은 장소의 이미지, 그리고 필요한 준비물의 이미지 등을 연속적으로 활성화시켜 이들을 조합합니다. 이러한 과정이 바로 생각입니다. 이는 마치 여러 이미지 장면을 연결하는 동영상과 유사합니다.

이는 생각하는 과정이 단순히 언어적인 형태로만 이루어지는 것이 아니라, 이미지와 동영상을 포함하는 다양한 형태로 이루어진다는 것을 시사합니다. 생각은 시각적 이미지뿐만 아니라 청각, 촉각 등 다양한 감각정보를 포함할 수 있습니다. 우리는 생각할 때, 개념, 기억, 상상 등을 이미지나 동영상 형태로 표현하며, 이러한 이미지와 동영상을 편집하여 새로운 생각을 만들어낼 수 있습니다.

따라서 우리의 생각은 고정되어 있는 것이 아니라 끊임없이 변화하고 발전합니다. 동영상은 정적인 이미지가 아닌, 시간에 따른 변화를 담고 있는 동적인 표현방식입니다. 이는 생각이 새로운 경험에 따라 지속적으로 변화하고 발전하며, 새로운 이미지와 동영상으로 연결되어 확장된다는 것을 의미합니다. 따라서 이미지와 동영상은 현실에 구애받지 않고 자유롭게 표현될 수 있으며, 이를 통해 우리는 새로운 아이디어를 생각해 내고 창의적으로 문제를 해결할 수 있습니다.

결과적으로, 기억의 이미지와 생각의 동영상은 개인의 사고방식을 반영합니다. 어떤 사람은 이미지 위주의 사고방식을 지니는 반면, 어떤 사람은 언어 위주의 사고방식을 가지고 있을 수 있습니다. 이는 사람들의 선호에 따라 구체적인 이미지를 사용할 것인지, 아니면 언어와 같은 상징적인 표현을 사용할 것인지를 결정하게 됩니다. 이러한 다양성은 문제해결 방식과 창의성에 중요한 역할을 하는데, 다양한 사고방식이 모여 더욱 넓은 시각과 독창적인 아이디어를 제공하기 때문입니다. 그러므로 우리는 사람들의 다양한 기억이 어떻게 생성되고, 생각이라는 역동적인 과정이 어떻게 전개되는지 명확히 이해해야 합니다. 이는 우리가 왜 서로의 생각을 존중해야 하는지에 대한 깊은 통찰을 줄 것입니다.

오만과 편견은 생각의 습관이다.

"오만은 다른 사람이 나를 사랑할 수 없게 만들고, 편견은 내가 다른 사람을 사랑하지 못하게 한다." 이는 제인 오스틴Jane Austen의 「오만과 편견」에 나오는 구절로, 오만은 마음의 귀를 멀게 하고, 편견은 마음의 눈을 멀게 한다는 의미를 담고 있습니다. 이러한 생각습관은 우리의 사고, 감정, 행동 패턴의 근간으로 작용합니다. 이 습관은 개념이 형성되는 단계에서부터 시작되며, 때로는 부정적인 오만과 편견의 생각습관으로 변질될 수 있습니다. 따라서 개념형성 과정이 우리가 세상을 이해하고 분류하는 방식을 결정짓는 중요한 요소임을 인식하고, 그 과정을 면밀히 살펴볼 필요가 있습니다.

개념형성은 어린 시절부터 시작됩니다. 예를 들어, 어린아이가 처음 '개'라는 개념을 형성할 때, 그들은 어떤 특정한 강아지를 보고 그 특성을 기반으로 '개'라는 개념을 만들어 갑니다. 이후 다른 종의 강아지를 보면서 '개'의 개념을 확장하고 정교화해 나가는데, 이러한 과정은 반복된 경험을 통해 이루어집니다. 아이들은 이를 통해 '개'라는 개념을 형성하고, 나아가 '고양이'나 '말'과 같은 다른 동물과의 차이를 이해하게 됩니다.

이렇게 형성된 개념은 생각습관의 기초가 됩니다. 우리는 형성된 개념을 바탕으로 세상을 바라보고 판단하는 습관을 갖게 됩니다. 예를 들어, 학교에서 훌륭한 학생에 대한 개념이 시험성적만으로 형성된 사람은 다른 형태의 지적 성취를 무시하는 생각습관을 가질 수 있습니다. 이러한 생각습관은 때로 오만과 편견으로 발전할 수 있는데, 이는 특정 집단이나 개인에 대한 부정적인 선입견으로, 개념형성 과정의 왜곡된 결과라고 볼 수 있습니다. 예컨대, '노인'에 대한 개념이 '느리고 비생산적인 사람'으로 형성되면, 이는 연령주의적 오만과 편견으로 이어질 수 있습니다.

오만은 자신의 능력이나 가치를 과대평가하는 태도에서 비롯되며, 이는 자존감의 방어수단일 수 있습니다. 편견은 특정 집단에 대한 고정관념을 바탕으로 형성되며 사회적 정체성과 연관됩니다. 사람들은 자기편을 긍정적으로 평가하고, 상대편을 부정적으로 평가하는 경향이 있습니다. 이러한 부정적인 생각은 사회적 학습, 미디어 영향, 개인적 경험, 사회적 규범, 집단 동조압력 등 다양한 요인에 의해 더욱 심화될 수 있습니다. 특정 인종에 대한 부정적인 뉴스 보도를 자주 접하면, 그 인종 전체에 대한 오만과 편견이 형성될 수 있습니다. 또한, 확증편향confirmation bias, 즉 믿고 싶은 정보만을 선택적으로 취합하는 경향도 이러한 부정적 생각을 강화합니다. 사회적 규범은 특정 그룹에 대한 태도와 행동을 규정하는데, 예를 들어 특정 직업이나 역할에 대한 남녀 성별 고정관념은 사회적 규범에 의해 강화됩니다. 더불어, 집단 동조압력은 개인이 자신의 믿음과 다르더라도 집단의 태도에 동조하도록 작용합니다.

이러한 오만과 편견을 극복하기 위해서는 먼저 자신의 부정적인 생각을 인식하고 인정하는 것이 중요합니다. 현실을 인정한다는 것은 현재 상태를 있는 그대로 받아들이는 것으로, 이는 감정의 변화와 성장의 출발점이 됩니다. 다음으로 자신의 생각과 판단을 객관적으로 평가하고, 다양한 관점에서 문제를 바라보며 새로운 정보를 지속적으로 접하려는 노력이 필요합니다. 이 과정에서 자기 성찰의 습관을 기르는 것이 중요한데, 다양한 출처의 정보를 비교 분석하고, 폭넓은 주제의 책을 읽으며 토론에 참여하는 것이 도움이 될 수 있습니다.

또한, 역지사지易地思之의 자세로 타인의 경험을 이해하려 노력하는 것도 기존의 생각습관을 변화시키는 데 큰 역할을 합니다. 공감훈련, 즉 역할극, 감정 일기쓰기, 타인의 입장에서 글쓰기 등을 통해 타인의 감정을 이해하고 수용하는 능력을 기를 수 있습니다. 이 외에도 해외여행을 통해 다른 문화와 관점을 이해하거나, 다양한 배경을 가진 사람들과 대화를 나누며 새로운 경험을 쌓는 것도 좋은 방법입니다.

결론적으로, 생각습관은 개념이 형성되는 과정과 밀접하게 연관되어 있으며, 이는 때로 부정적인 오만과 편견으로 발전할 수 있습니다. 하지만 지속적인 인식과 노력을 통해 우리는 이러한 생각습관을 변화시키고, 더욱 개방적이고 포용적인 사고방식을 기를 수 있습니다. 이는 개인의 성장뿐만 아니라 사회 전체의 발전과 화합에도 크게 기여할 것입니다.

3. 감정은 조절이 가능한가?

"감정은 뇌 속에 흐르는 생화학적 폭풍이다." 이 말은 감정이 뇌에서 발생하는 단순한 생각이나 느낌이 아니라, 뇌에서 분비되는 다양한 호르몬과 신경전달물질들의 복합적인 작용에 의해서 형성된다는 것을 의미합니다. 이는 감정이 마치 폭풍처럼 일시적이고 매우 강렬하게 일어날 수 있음을 암시합니다.

우리는 이러한 감정을 영어로 'emotion'이라고 부릅니다. 'Emotion'의 어원을 살펴보면, 'e-'는 '밖으로(out)'를, 'motion'은 '움직임(movement)'을 의미합니다. 즉, 감정emotion은 내면의 상태가 외부로 표현되는 것을 뜻합니다. 이는 감정이 마음 안에 고정되어 있는 정적인static 상태가 아니라, 마음 밖으로 드러나는 동적인dynamic 과정임을 보여줍니다. 따라서 감정은 외부 자극에 대한 내적 상태가 신체를 통해 반응하는 것으로 정의할 수 있습니다.

과거에는 감정을 신비롭고 불가피한 현상으로 여겼지만, 최근 과학기술의 발전으로 감정의 본질을 이해하고 관리할 수 있게 되었습니다. 이번 절에서는 감정의 형성 과정과 기억과의 상관관계를 살펴보고, 감정을 계량화하고 측정하여 올바른 감정습관을 기르는 방법에 대해 알아 보겠습니다.

감정은 다차원적으로 형성된다.

감정은 우리의 일상생활에서 매우 중요한 역할을 합니다. 우리는 감정을 통해 주변 환경을 이해하고, 대인관계를 형성하며, 의사결정을 내립니다. 그런데 감정은 어떻게 형성되는 것일까요? 감정은 일반적으로 생리적 변화, 인지적 평가, 행동 반응이라는 3가지 요소로 구성된다고 할 수 있습니다.

먼저, 생리적 변화는 내부적인 신체 변화를 의미합니다. 우리가 감정을 느낄 때, 심박수, 호흡, 혈압, 근육 긴장 등의 신체 기능적으로 어떤 변화가 일어납니다. 예를 들어, 두려움을 느끼면 심박수와 호흡이 빨라지고 근육이 긴장되는 반면, 슬픔을 느끼면 심박수가 느려지고 근육이 이완되는 현상을 말합니다.

그리고 우리는 주변 상황을 인지하고 해석하는 가운데 감정을 느낍니다. 이를 인지적 평가라고 합니다. 같은 상황에서도 개인의 경험, 가치관, 믿음에 따라 감정반응이 달라질 수 있습니다. 예를 들어, 어두운 골목길을 혼자 걷는 상황에서 두려움을 느끼는 사람도 있고, 흥분을 느끼는 사람도 있습니다. 이는 개인의 위험에 대한 인지와 해석 방식에 따라 다릅니다.

아울러 감정은 우리의 행동 반응을 유발하기도 합니다. 기분이 좋은 때는 적극적으로 행동하고, 기분이 좋지 않은 때는 소극적으로 행동하는 경향이 있습니다. 또한, 감정은 얼굴표정, 목소리 톤, 몸짓 등을 통해 표현됩니다. 이러한 감정의 비언어적 표현은 다른 사람들과의 소통에 중요한 역할을 합니다.

이러한 요소들은 복잡한 과정을 거쳐서 감정 반응을 나타냅니다. 감정이 형성되는 과정을 일상적인 예시를 통해 더욱 구체적으로 설명해 보겠습니다. 길을 걷다가 갑자기 크고 검은 개가 사납게 짖으며 빠르게 다가오는 상황을 가정해 봅시다.

첫째, 뇌는 이 자극을 즉각적으로 평가합니다. 이 과정은 대부분 무의식적으로 일어나며, 생존과 관련된 위협인지 아닌지를 순간적으로 판단합니다. 이 경우, 큰 개가 위협적으로 보인다면, 뇌는 이를 잠재적 위협으로 인식할 것입니다. 이는 주로 뇌의 편도체가 담당합니다. 편도체는 감정처리와 관련된 뇌의 중심부에 위치한 아몬드 모양의 구조로서 감각 정보를 신속하게 평가하여 신체적 반응을 유발합니다.

둘째, 개를 보자마자 심장 박동이 빨라지고, 아드레날린이 분비되며, 근육이 긴장되는 등의 즉각적인 생리적 반응을 보이며 감정을 인식합니다. 이는 자율신경계가 활성화된 결과입니다. 자율신경계는 '싸우거나 도망쳐!'라고 명령하는 교감신경계와 '에너지를 저장해!'라는 기능을 담당하는 부교감신경계로 구성됩니다. 개를 위협이라고 판단하고 긴장하는 것은 교감신경계가 활성화된 것입니다.

셋째, 이러한 신체 반응을 바탕으로 특정 감정을 인식하게 됩니다. 이를 느낌feeling이라고 하는데, 느낌은 감정에 따른 신체적 변화를 의식적으로 인식하고 경험하는 것을 의미합니다. 개를 보고 위협이라고 판단할 경우 대부분의 사람들은 '공포'나 '불안'을 느낄 것입니다.

넷째, 최초 감정이 반응하고 난 후에 지속적으로 상황을 분석합니다. 개가 실제로 위협적인지, 개 주인이 있는지 등을 빠르게 평가합니다. 이 과정에서 과거 경험과 문화적 배경이 상황을 다시 평가하는 데에 영향을 미칩니다. 만약 과거에 개에게 물린 경험이 있다면, 공포감이 더 강해질 수 있습니다. 반대로 개와 친숙하다면, 초기의 공포반응이 빠르게 완화될 수 있습니다.

다섯째, 상황을 면밀히 재평가하여 2차 감정을 형성합니다. 개의 움직임, 크기, 생김새, 주인의 존재 여부 등을 종합적으로 고려하여 최초 감정을 다시 평가하는 과정입니다. 이는 또 다른 행동 반응으로 이어집니다. 처음에는 공포를 느꼈지만, 개에게 친근감을 가지게 되었다면 안도감을 느낄 것입니다. 그렇게 되면, 도망가기보다는 개에게 다가가서 쓰다듬는 행동을 하게 될 수 있습니다.

여섯째, 이러한 감정들을 스스로 조절하고 이를 경험으로 축적합니다. 상황이 진행됨에 따라 우리는 초기에 느꼈던 감정을 조절합니다. 개에 대한 안도감으로 숨을 깊게 쉬어 심장 박동을 줄이거나, 긍정적인 생각으로 공포를 완화하려 할 것입니다. 그리고 이 과정에서 새로운 대처전략을 학습하게 됩니다. 예를 들어, 다음에 유사한 상황을 마주했을 때 개의 행동을 좀 더 자세히 관찰하여 위협 여부를 판단하거나, 침착하게 대처하는 방법을 익힐 수 있습니다.

지금까지 개를 보았을 때 느끼는 감정이 어떻게 형성되는지를 구체적인 예시를 통해 살펴보았습니다. 이를 통해 비교적 간단해 보이는 자극에도 감정이 얼마나 복잡하고 다차원적으로 형성되는지 확인할 수 있었습니다.

감정의 형성 과정을 이해하는 것은 단순히 학문적 호기심을 충족시키는 데 그치지 않습니다. 이는 우리의 일상생활과 대인관계에 중요한 영향을 미칩니다. 같은 상황이라도 개인의 경험, 성격, 문화적 배경 등에 따라 매우 다른 감정 반응이 나타날 수 있다는 점을 인식함으로써, 우리는 자신과 타인의 감정을 더 깊이 이해하고 효과적으로 소통할 수 있게 됩니다. 나아가 감정을 조절하고 바람직한 방향으로 활용하는 능력도 키울 수 있습니다.

과학 발전과 감정조절 방법 변화

오랫동안 인간은 감정을 억누르는 것이 최선이라고 여겨왔습니다. 심지어 인간의 진화 과정에서도 감정억제가 생존과 번식에 도움이 되는 전략이었을 것입니다. 하지만 현대과학은 감정과 이성을 분리하는 이분법적 사고에서 벗어나, 감정이 의사결정에 중요한 역할을 한다는 사실을 밝혀내고 있습니다. 신경학자 안토니오 다마지오 Antonio Damasio는 「데카르트의 오류 Descartes' Error」에서 감정과 이성을 엄격히 분리한 데카르트의 철학을 비판하며, 감정이 합리적 의사결정에 필수적이라고 주장했습니다. 이는 감정에 대한 우리의 인식과 조절 방법이 변화해야 함을 시사합니다. 따라서 과학의 발전과 함께 변화해 온 감정조절 방법에 대해 알아보겠습니다.

고대 그리스의 철학자들은 감정을 이성의 적으로 여겼습니다. 소크라테스와 플라톤은 감정이 이성적 판단을 흐리게 할 수 있다고 보았고, 이를 통제하기 위해 철저한 자기 훈련과 철학적 사유가 필요하다고 주장했습니다. 반면 아리스토텔레스는 감정이 적절히 조절될 때 덕을 실현하는 데 중요한 역할을 한다고 보았습니다.

중세 유럽에서는 종교의 영향으로 감정을 영혼의 일부로 여겼고,

일부 감정은 죄로 간주되기도 했습니다. 반면 동양에서 유교는 감정을 사회적 조화와 질서 유지에 중요한 요소로 보았고, 도교는 감정을 자연스럽게 표현할 것을 강조했습니다.

르네상스 시대에는 인간 중심적 사고가 부활하면서 감정이 예술과 문학에서 창의성과 개성의 원천으로 인식되었습니다. 이러한 경향은 낭만주의로 이어져 감정의 가치와 표현이 높이 평가되었습니다. 한편 찰스 다윈Charles Darwin의 진화론은 감정을 생물학적으로 연구하는 계기를 마련했습니다.

현대에 들어 프로이트Sigmund Freud는 무의식적 감정의 중요성을 강조하며, 감정이 억압되면 정신적 문제를 일으킬 수 있다고 주장했습니다. 행동주의는 감정을 객관적으로 관찰 가능한 행동으로 설명하려 했고, 인지심리학은 감정과 사고의 상호작용에 주목했습니다. 또한 신경과학의 발전으로 뇌에서 감정이 생성되는 메커니즘이 밝혀지고 있습니다.

이러한 연구들을 바탕으로 감정을 긍정적으로 인식하고 관리하는 다양한 방법들이 개발되었습니다. 예를 들어, 감정 지능은 자신과 타인의 감정을 인식하고 조절하는 능력을 말하는데, 이는 대인관계 개선과 정신 건강 유지에 도움이 됩니다. 명상은 마음을 집중하고 감정을 안정시키는 효과가 있어 스트레스 감소와 정서 조절에 활용됩니다. 심리치료는 전문가의 도움을 받아 감정을 탐색하고 적응적으로 처리하는 방법을 배우는 과정입니다. 이처럼 감정 조절과 표현 능력은 현대 사회에서 중요한 기술로 인정받고 있습니다.

감정에 대한 인식과 조절 방법은 단순한 선형적 발전이 아니라 복잡한 양상을 보입니다. 과거의 다양한 접근법들이 현대에 통합되어 더욱 정교하고 체계적인 감정 이해와 관리방법이 발전하고 있습니다. 예를 들어, 인지행동치료는 사고, 감정, 행동의 상호작용에 주목하는 인지심리학과 행동주의 이론을 결합한 치료법입니다. 또한, 명상과 심리치료를 접목한 마음챙김 기반 스트레스 감소 프로그램 MBSR은 의학적으로도 그 효과가 입증되어 널리 활용되고 있습니다.

이처럼 감정에 대한 이해가 깊어지고 조절 방법이 발전함에 따라, 우리는 감정을 잘 다스려 소중한 시간을 더 의미 있게 사용할 수 있게 되었습니다. 감정 조절 능력은 개인의 정신건강뿐 아니라 대인관계와 사회생활에도 큰 영향을 미칩니다. 따라서 자신의 감정을 이해하고 상황에 맞게 적절히 표현하고 조절하는 것은 현대인에게 필수적인 과제라 할 수 있습니다.

기억은 감정의 손길이 묻어있다.

우리가 경험하는 모든 순간은 그때의 감정과 함께 기억되고, 그 기억은 우리의 생각과 행동에 지속적인 영향을 미칩니다. 감정과 기억의 이러한 긴밀한 관계는 오랫동안 신경과학 분야의 중요한 연구 주제이며, 감정이 기억의 형성, 저장, 회상의 전 과정에 어떻게 관여하는지 자세히 살펴보겠습니다.

감정은 기억에 맥락과 의미를 부여합니다. 우리가 특정 사건을 경험할 때, 그 순간의 감정 상태는 그 기억의 질과 강도를 결정짓는 중요한 요소가 됩니다. 예를 들어, 행복한 순간은 긍정적인 감정과 함께 더 생생하게 기억되는 반면, 슬픈 경험은 부정적인 감정과 함께 오랫동안 각인됩니다. 이처럼 감정은 기억에 독특한 색채를 부여하고, 그 경험의 중요성을 규정하는 데 핵심적인 역할을 합니다.

그뿐 아니라, 감정은 기억의 형성과 저장 과정에도 직접적인 영향을 미칩니다. 강렬한 감정을 유발하는 사건은 뇌에 더 깊이 각인되어 오랫동안 기억될 가능성이 높습니다. 이는 감정을 처리하는 뇌 영역인 편도체와 기억을 형성하는 해마가 밀접하게 연결되어 있기 때문입니다. 실제로 제임스 파페츠를 비롯한 많은 신경과학자들의 연구는 이 두 영역의 상호작용이 감정과 기억의 연결고리를 형성한다는 것을 보여주었습니다.

기억의 회상과 재구성 과정에서도 감정의 역할은 매우 중요합니다. 우리가 특정 기억을 떠올릴 때, 그 기억과 연관된 감정 또한 함께 활성화됩니다. 흥미롭게도 이 과정에서 현재의 감정상태가 과거 기억의 해석에 영향을 줄 수 있습니다. 우울한 기분에서는 긍정적인 기억마저도 부정적으로 왜곡되어 회상될 수 있는 것입니다. 이는 기억이 고정불변한 것이 아니라, 감정에 따라 유동적으로 재구성될 수 있음을 시사합니다.

나아가 감정조절 능력은 기억의 형성과 회상에도 지대한 영향을 미칩니다. 자신의 감정을 잘 이해하고 조절할 수 있는 사람은 부정적인 기억에 압도되지 않고, 긍정적인 기억을 더 잘 떠올릴 수 있습니다. 반면 감정조절에 어려움을 겪는 사람들은 부정적인 기억에 사로잡혀 우울감이나 불안감을 경험할 위험이 더욱 높아집니다. 따라서 감정조절 능력을 기르는 것은 정신건강 유지와 개인의 성장에 매우 중요한 과제라 할 수 있습니다.

이렇듯 감정과 기억은 복잡하고 역동적인 상호작용을 통해 우리의 내면세계를 형성합니다. 이 관계에 대한 이해는 단순히 학문적 호기심의 차원을 넘어, 우리의 일상적 경험과 정서적 안녕에 직결되는 문제입니다. 우리가 경험하는 순간순간의 감정을 소중히 여기고, 그 감정이 우리의 기억과 정체성에 미치는 영향을 인식하는 것. 그것이 바로 풍요롭고 의미 있는 삶을 살아가기 위해 우리 모두가 가져야 할 지혜일 것입니다.

감정은 정보이다.

심리학자 마크 브래킷Marc Brackett은 감정이 정보라고 주장합니다. 이는 감정에 대한 우리의 인식을 혁신적으로 바꿀 수 있는 개념입니다. 그는 「감정의 발견」이라는 저서에서, 감정이 단순히 억제해야 할 것이 아니라 우리의 내면 상태와 외부 환경에 대한 중요한 정보를 제공하는 신호라고 설명합니다. 이 개념은 감정이 단순한 반응이 아닌, 기술적으로 측정하고 해석할 수 있는 정보단위로 볼 수 있음을 시사합니다. 즉, 감정을 수량적 및 질적 개념으로 이해하고 이를 바탕으로 기술적으로 조절할 수 있는 가능성을 열어준다는 점에서 큰 의의가 있습니다.

구체적으로, 감정은 우리의 안녕과 직결된 내적 상태에 대한 정보를 제공합니다. 예를 들어, 불안감은 잠재적 위험이나 대비가 필요한 상황을 알려주는 신호일 수 있습니다. 이는 단순히 불편한 감정이 아니라, 우리의 안전과 행복에 직접적으로 관련된 중요한 메시지인 셈입니다. 또한, 감정은 우리의 가치관, 욕구, 도덕적 기준 등에 대한 통찰을 제공하기도 합니다. 어떤 상황에서 느끼는 분노는 우리에게 소중한 가치나 신념이 침해당했음을 알리는 지표가 될 수 있죠. 이렇게 감정을 통해 자신의 내면을 더욱 깊이 들여다봄으로써, 우리는 진정한 자아 이해와 성장의 기회를 얻게 됩니다.

나아가 감정은 대인관계와 소통에서도 핵심적인 역할을 합니다. 타인의 감정 표현을 단순한 반응이 아닌, 그들의 내적 상태와 필요를 알려주는 소중한 단서로 받아들일 때, 우리는 비로소 진정한 공감과 이해에 다가갈 수 있습니다. 예컨대, 동료의 짜증스러운 태도를 단순히 부정적인 감정으로 치부하기보다, 그 이면의 스트레스나 불만족을 파악하고 적절히 대응할 수 있게 되는 것입니다. 이는 보다 원활하고 생산적인 의사소통을 가능케 하는 기반이 됩니다.

이러한 감정 정보의 힘은 개인뿐 아니라 조직 차원에서도 발휘될 수 있습니다. 리더가 구성원들의 감정을 단순히 통제의 대상으로 보는 것이 아니라, 조직의 건강성과 생산성에 대한 중요한 피드백으로 인식할 때, 더 효과적인 리더십을 발휘할 수 있게 됩니다. 가령, 팀 내에 팽배한 불안감은 불확실성이나 소통 부족을 시사하는 신호일 수 있으며, 이를 민감하게 포착하고 대처하는 것이 조직의 성과를 좌우하는 핵심 과제가 될 수 있습니다.

다만, 감정 정보를 활용할 경우 몇 가지 유의점이 있습니다. 먼저, 감정이 항상 정확하고 합리적인 것은 아니라는 점을 인식해야 합니다. 때로는 과거의 경험이나 편견에 의해 감정이 왜곡될 수 있기 때문입니다. 따라서 감정의 메시지를 맹목적으로 따르기보다, 이성적 판단력을 함께 발휘하여 균형을 이루는 것이 중요합니다. 아울러, 감정 표현과 해석에는 문화적·개인적 차이가 존재한다는 점도 주목해야 합니다. 자신과 타인의 감정을 이해할 때, 이러한 다양성을 존중하고 세심하게 고려할 필요가 있습니다.

결론적으로, '감정은 정보이다.'라는 관점은 우리가 감정을 대하는 근본적인 패러다임의 전환을 의미합니다. 이는 감정을 단순히 억누르거나 피해야 할 대상에서, 우리 삶의 나침반이 되어줄 소중한 자원으로 재인식하게 합니다. 물론 이 과정에서 감정 정보의 한계를 인지하고, 이성과의 조화를 추구하는 지혜가 필요할 것입니다. 그럼에도 감정과 적극적으로 소통하고 이를 우리 삶에 융통성 있게 활용하는 능력은 개인의 성장, 관계의 발전, 그리고 조직의 혁신을 이끄는 핵심 동력이 될 것입니다. 우리 모두가 자신과 타인의 감정에 더욱 깊이 귀 기울이는 통찰력과 공감력을 발휘한다면, 보다 진실되고 풍요로운 삶을 만들어갈 수 있을 것입니다.

감정 지능에 따라 감정을 습관화한다.

감정 지능은 자신과 타인의 감정을 인식하고 이해하며, 이를 효과적으로 관리하고 활용하는 능력을 말합니다. 이러한 감정 지능을 기르는 것은 건강한 감정 습관을 형성하는 데 매우 중요합니다. 그렇다면 우리는 어떻게 감정 지능을 향상시킬 수 있을까요? 이에 대한 답으로 마크 브래킷의 「감정의 발견」에서 제시하는 RULER 법칙을 소개하고자 합니다.

RULER 법칙은 감정 지능을 체계적으로 기르는 실용적인 접근법으로, Recognizing(인식), Understanding(이해), Labeling(명명), Expressing(표현), Regulating(조절)의 다섯 단계로 구성됩니다.

첫 번째 단계인 인식Recognizing은 자신과 타인의 감정을 정확히 알아차리는 능력입니다. 두 번째 단계인 이해Understanding는 감정의 원인과 결과를 파악하는 것을 말합니다. 세 번째 단계인 명명Labeling은 감정에 적절한 이름을 붙이는 과정으로, 이는 자기 이해와 의사소통을 향상시킵니다. 네 번째 단계인 표현Expressing은 감정을 상황에 맞게 적절히 표현하는 능력을 의미합니다. 마지막 단계인 조절Regulating은 감정을 관리하고 통제하는 능력을 말합니다.

이러한 RULER 법칙을 일상생활에 적용하면 감정을 더욱 잘 이해하고 다룰 수 있습니다. 예를 들어, 아침에 일어나 피로함과 짜증을 느꼈다면, 이 감정을 인식하고 그 원인을 이해한 후, '피로함'과 '짜증'이라고 명명합니다. 그리고 주변 사람들에게 자신의 감정상태를 알려 오해를 방지하고, 커피를 마시거나 스트레칭을 하는 등의 방법으로 감정을 조절할 수 있습니다.

RULER 법칙의 효과성은 다양한 연구를 통해 입증되었습니다. 브래킷 박사의 연구팀이 수행한 실험에 따르면, RULER 법칙을 적용한 학교의 학생들은 그렇지 않은 학교의 학생들에 비해 학업 성취도가 11% 향상되고, 정서적 행복 지수가 14% 개선되었습니다. 또한 직장에서 RULER 법칙을 도입한 기업들은 직원들의 직무 만족도가 평균 12% 증가하고, 생산성이 8% 향상되었다고 보고했습니다.

이처럼 RULER 법칙은 개인의 감정 지능을 효과적으로 향상시키는 실질적인 도구입니다. 이를 통해 우리는 자신의 감정을 더 잘 이해하고 표현할 수 있으며, 타인과 더욱 깊이 있는 관계를 맺을 수 있습니다. 또한 스트레스와 부정적인 감정을 보다 건설적으로 관리함으로써 삶의 질을 전반적으로 높일 수 있습니다.

결론적으로, 감정 지능은 단순히 타고난 능력이 아니라 체계적인 노력을 통해 향상될 수 있는 기술입니다. RULER 법칙은 이러한 감정 지능을 기르는 효과적인 방법으로, 이를 일상생활에 꾸준히 적용한다면 보다 건강하고 행복한 삶을 영위할 수 있을 것입니다. 감정 지능의 향상은 개인의 성장과 성공뿐만 아니라, 더 나아가 우리 사회의 정서적 건강과 조화로운 발전에도 기여할 수 있을 것입니다.

4. 충동, 욕망 그리고 습관

이솝 우화 중에 베짱이와 개미 이야기가 있습니다. 베짱이는 여름 내내 노래하고 놀며 겨울을 대비하지 않는 반면, 개미는 겨울을 대비해 여름 동안 열심히 일합니다. 베짱이는 겨울에 개미에게 도움을 청하게 된다는 이야기입니다. 베짱이는 당장의 욕구를 채우는 충동적인 행동을 하는 반면, 개미는 충동을 자제하며 자기가 바라는 욕망을 추구하는 행동을 합니다.

여기서 '충동'은 '찌를 충(衝)'과 '움직일 동(動)'으로 구성된 한자어로, 어떤 욕구가 찌르듯 순간적으로 마음을 움직이게 하는 자극을 의미합니다. 즉, 충동은 신중한 고려 없이 즉각적이고 강렬하게 행동을 유발하는 내적 추진력입니다.

이번 절에서는 습관과 관련하여 충동과 욕망의 기능과 역할을 살펴보고 그들의 상관관계를 살펴봅니다. 그리고 균형있는 삶을 위한 자기조절 습관을 키우는 방법에 대해서 알아봅니다.

충동은 양면성을 지닌 진화의 산물이다.

충동의 신경과학적 기반은 주로 뇌의 보상 시스템과 관련이 있습니다. 이 시스템의 핵심은 중뇌의 도파민 신경세포입니다. 이는 즐거움이나 보상과 관련된 자극에 반응하여 도파민을 분비합니다. 흔히 도파민을 '쾌감 물질'로 오해하기 쉽지만, 실제로 도파민은 쾌감 자체보다는 보상을 원하는 정도에 밀접하게 관련되어 있습니다. 이는 보상예측 오류 이론으로 설명될 수 있습니다. 이 이론은 우리가 예상한 보상과 실제 주어진 보상에 차이가 있을 때, 도파민이 가장 활발하게 분비된다는 것입니다. 이러한 메커니즘은 우리가 특정 행동을 학습하고 반복하게 만들며, 충동적 행동의 신경생물학적 기반이 됩니다. 예를 들어, 소셜 미디어에서 '좋아요'를 받을 때마다 도파민이 분비되면, 우리는 더 자주 소셜 미디어를 확인하고 싶은 충동을 느끼게 됩니다. 이처럼 도파민 시스템은 우리의 행동 선택과 습관 형성에 중요한 영향을 미치며, 때로는 중독적 행동의 원인이 되기도 합니다. 중독에 대해서는 다음 절에서 알아보겠습니다.

충동적 행동의 조절에는 뇌의 다른 영역들 간의 상호작용이 중요한 역할을 합니다. 특히 변연계와 전두엽의 상호작용이 핵심적입니다. 변연계는 뇌의 가장자리(변연邊緣) 부분에 있는 기관들로 구성되어 있어 둘레계통이라 불리기도 합니다. 이 시스템은 감정, 기억, 동기

부여 등 중요한 기능을 담당하는 여러 기관들로 이루어져 있습니다. 변연계는 주로 해마, 편도체, 시상하부 등으로 구성되어 있으며, 특히 편도체는 감정적 반응과 즉각적인 행동인 충동을 생성하는 데 관여합니다. 변연계와 연계된 전두엽은 이러한 충동을 억제하고 장기적 결과를 고려하는 역할을 합니다. 충동성이 높은 경우, 이 두 영역 간의 균형이 깨져 변연계의 활동이 상대적으로 더 강해지는 경향이 있습니다.

충동은 인류가 진화하면서 생존과 번식에 중요한 역할을 했습니다. 원시 환경에서 충동은 즉각적인 행동을 유도하여 위험에 대처하거나 기회를 포착하는 데 도움이 되었습니다. 예를 들어, 원시 인류가 숲에서 포식자와 마주쳤을 때 즉각적인 공포와 도망치려는 충동이 신속한 행동을 취하게 하여 포식자의 공격에서 벗어날 수 있게 했습니다. 배고픔에 따른 강한 충동은 사냥이나 채집을 통한 식량 확보를 촉진했습니다. 또한, 인간은 다른 사람들과의 유대를 형성하고 유지하려는 사회적 동물로서의 충동도 있었습니다. 이러한 유대는 협력을 통해 생존 가능성을 높여 오늘날과 같은 사회를 이룩하게 했습니다.

이렇게 내면화되고 학습된 충동은 다양한 기능을 수행합니다. 첫째, 빠른 의사결정을 가능하게 합니다. 복잡한 상황에서 신속한 행동이 필요할 때 충동은 즉각적인 반응을 유도합니다. 둘째, 새로운 경험을 추구하게 합니다. 충동적 행동은 때로 창의성과 혁신을 촉진할 수 있습니다. 예를 들어, 즉흥적인 아이디어를 바탕으로 새로운 프로젝트를 시작하거나, 익숙한 환경을 벗어나 모험을 떠나는 것은 충동에서 비롯된 행동일 수 있습니다. 셋째, 즉각적인 보상을 통해 학습을 강화합니다. 충동적 행동의 결과로 얻는 즉각적인 만족감은 특정 행동 패턴을 강화하는 데 도움이 됩니다.

하지만 현대 사회에서 충동은 양면성을 지닙니다. 한편으로는 창의성, 모험심, 열정의 원천이 될 수 있지만, 다른 한편으로는 부적절한 행동이나 중독으로 이어질 수 있습니다. 따라서 충동을 완전히 억제하기보다는 적절히 조절하고 관리하는 것이 중요합니다. 이를 위해 전두엽 기능을 강화하는 훈련, 명상, 인지행동치료 등의 방법이 활용될 수 있습니다. 예를 들어, 충동조절 장애가 있는 사람들은 인지행동치료를 통해 충동적 행동의 단서를 인식하고, 대안적인 행동 전략을 수립하는 법을 배울 수 있습니다.

결국, 충동은 인간의 생존과 적응에 중요한 역할을 해온 진화의 산물이지만, 현대 사회에서는 그 영향력을 적절히 관리하는 것이 필요합니다. 충동의 긍정적 측면을 활용하면서도 부정적 영향을 최소화하는 균형 잡힌 접근이 개인의 건전한 삶과 사회의 건강한 발전에 중요한 요소로 작용합니다. 이를 위해서는 개인 차원에서의 자기조절 능력 향상과 더불어, 사회적 차원에서의 건강한 환경 조성이 병행되어야 할 것입니다. 충동을 적절히 활용하고 관리할 수 있는 사회적 분위기와 제도적 장치가 마련된다면, 우리는 충동의 순기능을 극대화하면서 역기능은 최소화할 수 있을 것입니다.

욕망은 목표를 향한 바램이다.

욕망desire은 특정한 목표나 대상을 향한 강렬하고 지속적인 열망을 의미합니다. 이는 개인의 동기, 가치관, 성격 등에 의해 형성되며, 장기적인 목표 추구와 관련이 있습니다. 욕망은 개인의 필요, 심리적 요인, 사회 문화적 영향 등이 복합적으로 작용하여 형성됩니다.

개인은 생존, 안전, 소속감, 자아실현 등 다양한 차원의 기본적인 욕구를 지니고 있습니다. 이러한 내적 필요와 외부 자극의 상호작용은 특정 대상이나 경험에 대한 관심과 욕망을 유발합니다. 예를 들어, 배고픔이라는 내적 필요와 맛있어 보이는 음식 광고라는 외부 자극이 만나면 특정 음식에 대한 욕망이 생겨날 수 있습니다.

이 과정에서 개인의 과거 경험과 기억, 그리고 유전적 요인도 중요한 역할을 합니다. 과거에 특정 대상이나 경험을 통해 만족을 얻었던 기억은 유사한 상황에서 같은 욕망을 불러일으킬 수 있습니다. 또한, 개인의 기질이나 성격 특성 등 타고난 요인들도 욕망의 강도와 방향에 영향을 줄 수 있습니다.

한편, 사회 문화적 맥락 역시 욕망 형성에 큰 영향을 미칩니다. 사회적 규범, 문화적 가치, 미디어의 영향 등이 개인이 무엇을 욕망할지를 결정하는 데 작용합니다. 예를 들어, 어떤 사회에서는 경쟁과 성공이 중시되고, 이에 따라 개인들은 높은 지위와 부를 추구하는 욕망을 갖게 될 수 있습니다. 반면, 다른 사회에서는 조화와 협력이 중시되고, 이에 따라 대인관계와 공동체에 대한 욕망이 더 강하게 나타날 수 있습니다.

욕망은 우리 삶에서 다양한 역할과 기능을 수행합니다. 첫째, 욕망은 동기 부여의 원천입니다. 어떤 것을 이루고자 하는 욕망이 우리를 행동하게 만들고, 목표를 향해 나아가게 합니다. 예를 들어, 작가가 되고 싶은 욕망은 글쓰기 연습과 작품 창작으로 이어질 수 있습니다. 둘째, 욕망은 창조와 혁신의 동력이 됩니다. 더 나은 것을 추구하는 욕망이 새로운 아이디어와 발명을 끌어냅니다. 인류 역사상 많은 발명과 예술 작품들이 욕망에서 비롯되었다고 볼 수 있습니다. 셋째, 욕망은 개인의 성장과 발전을 촉진합니다. 자기계발에 대한 욕망이 학습과 능력 향상으로 이어집니다.

하지만 욕망은 양면성을 지니고 있습니다. 적절히 관리되지 않은 욕망은 중독, 과도한 소비, 대인관계 문제 등 부정적인 결과를 초래할 수 있습니다. 예를 들어, 인정받고 싶은 욕망이 지나치면 타인의 평가에 과도하게 의존하게 되어 자아존중감이 낮아질 수 있습니다.

또한 물질적 풍요에 대한 과도한 욕망은 환경 파괴나 불평등 심화와 같은 사회적 문제를 야기할 수 있습니다.

따라서 욕망을 건강하게 관리하는 것이 중요합니다. 이를 위해서는 자신의 욕망을 인식하고 그 원인을 이해하는 것이 첫 단계입니다. 명상, 마음챙김과 같은 실천을 통해 욕망을 객관적으로 바라보는 능력을 기를 수 있습니다. 또한, 장기적인 가치와 목표를 설정하고, 이에 부합하는 욕망을 선별적으로 추구하는 것이 도움이 됩니다.

특히, 현대 사회에서는 디지털 기술의 발달로 욕망의 양상이 더욱 복잡해지고 있습니다. 소셜 미디어를 통한 타인의 삶에 대한 노출은 새로운 형태의 욕망을 만들어내고 있으며, 온라인 광고와 마케팅 기술의 발달은 우리의 욕망을 더욱 자극하고 있습니다. 이러한 환경에서 자신의 진정한 욕망이 무엇인지 성찰하고, 외부의 영향을 비판적으로 평가하는 능력이 더욱 중요해지고 있습니다.

결국, 욕망은 인간 본성으로 우리의 행동과 삶의 방향을 결정짓는 중요한 요소입니다. 과거에는 욕망을 부정적으로 여기고 억누르는 경향이 있었지만, 현대 사회에는 욕망을 인정하고 존중하는 개인주의적 가치관이 지배적입니다. 따라서 욕망을 완전히 억제하거나 부정하기보다는, 이를 이해하고 적절히 관리함으로써 개인의 성장과 사회의 발전에 긍정적으로 기여할 수 있습니다.

감정과 충동 그리고 욕망

인간의 욕망은 고정불변의 것이 아니라, 다양한 내외부적 요인에 의해 끊임없이 변화합니다. 그중에서도 감정과 충동은 욕망을 형성하는 데 매우 중요한 역할을 합니다. 감정은 우리가 경험하는 주관적인 느낌이나 정서 상태를, 충동은 특정 행동을 즉각적으로 하고 싶은 강한 욕구를 말합니다. 이 두 가지 요소는 서로 밀접하게 연관되어 욕망에 복합적인 영향을 미칩니다.

긍정적인 감정은 욕망을 강화하고 지속시킵니다. 어떤 활동에서 기쁨, 흥미, 만족감 등을 느꼈다면, 그 활동에 대한 욕망이 커질 가능성이 높습니다. 이는 감정이 보상 신호로 작용하여, 뇌의 보상회로를 자극하기 때문입니다. 예를 들어, 새로운 취미활동을 시작했을 때 즐거움을 느꼈다면, 그 활동을 지속하고 싶은 욕구가 강해질 것입니다.

반면, 부정적인 감정은 욕망을 약화시키거나 변화시킵니다. 어떤 것에 대해 두려움, 불안, 혐오감 등을 느꼈다면, 그것에 대한 욕망은 감소할 것입니다. 부정 감정은 뇌의 회피 시스템을 활성화하여, 우리를 그것으로부터 멀어지게 만듭니다. 가령, 무서운 영화를 본 후에는 그 영화에 대한 욕구가 줄어들게 됩니다.

하지만 때로는 부정 감정이 오히려 욕망을 증폭시키기도 합니다. '금단의 욕망'이 대표적인 예입니다. 사회적으로 금기시되거나 해롭다고 여겨지는 대상일수록, 역설적으로 그것에 대한 욕망이 커지곤 합니다. 이는 부정 감정이 주는 각성효과 때문입니다. 불안, 긴장, 흥분 등의 감정은 각성 수준을 높여, 욕망을 자극할 수 있습니다.

감정은 충동을 매개로 욕망에 영향을 줄 수 있습니다. 충동은 강렬한 감정에 의해 유발되는 경우가 많습니다. 분노나 슬픔, 스트레스 등의 감정상태에서는 충동적인 행동을 하기 쉽습니다. 이때의 충동은 일시적으로 강한 욕망을 불러일으키지만, 장기적으로는 욕망을 왜곡하거나 약화시킬 수 있습니다. 스트레스로 인해 충동적으로 술을 마신다면, 순간적으로는 알코올에 대한 욕구가 높아질 수 있습니다. 하지만 이런 충동적 행동이 반복되면, 건강한 욕망을 해치고 중독으로 이어질 수 있습니다.

다른 한편으로, 감정과 충동은 기존의 욕망을 새로운 방향으로 이끌기도 합니다. 낯선 경험에서 느낀 호기심이나 즐거움은 새로운 욕망의 씨앗이 될 수 있습니다. 우연히 특정 활동을 접하고 강한 흥미를 느꼈다면, 그것이 새로운 열정으로 발전할 수 있습니다. 감정과 충동은 기존의 욕망을 강화하거나 약화시킬 뿐만 아니라, 새로운 욕망을 탐색하고 발견하는 계기가 되기도 합니다.

요약하면, 감정과 충동은 욕망의 역동적인 변화에 중요한 역할을 합니다. 긍정 감정은 욕망을 강화하고, 부정 감정은 욕망을 약화시키거나 변화시키며, 충동은 욕망을 자극하거나 왜곡합니다. 또한, 감정과 충동은 새로운 욕망의 방향을 제시하기도 합니다. 감정, 충동, 욕망은 서로 얽혀 있는 복잡한 관계 속에서 개인의 행동과 선택에 영향을 미칩니다. 따라서 우리의 감정과 충동을 이해하고 조절하는 것은 건강하고 바람직한 욕망을 발전시켜 나가는 데 매우 중요한 과제라 할 수 있습니다.

자기조절 능력은 현대 사회의 필수요소

자기조절 능력은 개인이 자신의 감정, 충동, 욕망을 인식하고 상황에 적절하게 관리하는 능력을 의미합니다. 이는 학업, 경력, 인간관계 등 현대 사회의 다양한 삶의 영역에서 성공을 좌우하는 필수요소입니다. 감정, 충동, 욕망은 인간의 기본적인 심리 요소이지만, 이들이 균형을 잃으면 개인의 삶에 부정적 영향을 미칠 수 있습니다. 따라서 이들 간의 균형을 유지하는 자기조절 능력이 매우 중요합니다.

자기조절 능력은 크게 세 가지 영역에서 작용합니다. 첫째, 감정조절은 자신의 감정을 인식하고 적절히 표현하며, 부정적 감정을 관리하는 능력입니다. 이는 스트레스 상황에서 차분함을 유지하거나,

다른 사람들과의 관계에서 감정적으로 과잉 반응하지 않도록 도와줍니다. 둘째, **충동 조절**은 즉각적인 만족을 지연시키고 장기적 목표를 위해 행동을 통제하는 능력입니다. 이는 계획을 세우고 그것을 실행하는 데 필요한 중요한 요소로, 개인의 성취와 밀접하게 관련되어 있습니다. 셋째, **욕망 관리**는 자신의 욕구를 인식하고 이를 건설적인 방향으로 추구하는 능력을 말합니다. 이 능력은 계획 수립, 의사결정, 행동 억제 등의 기능을 담당하는 뇌의 전두엽과 밀접한 관련이 있습니다.

이러한 자기조절 능력의 중요성을 잘 보여주는 예로, 미국의 심리학자 월터 미셸 Walter Mischel 교수의 '마시멜로 실험'을 들 수 있습니다. 이 실험에서 즉각적 만족을 지연시키고 더 큰 보상을 기다릴 수 있었던 아이들은 이후 학업 성취도가 높고, 사회적으로 더 성공적인 삶을 살았습니다. 이는 현대 사회에서 자기조절 능력이 개인의 성공과 행복에 핵심적 역할을 한다는 것을 시사합니다.

이제 필자의 경험을 통해 자기조절 능력의 중요성을 구체적으로 살펴보겠습니다. 필자는 군에서 34년간 근무하면서 26번이나 이사를 했습니다. 장교들은 1~2년에 한 번씩 부대와 보직을 바꾸는 것이 군의 인사정책입니다. 다양한 지역과 보직을 경험해야 전쟁 시 어떠한 상황에서도 임무를 성공적으로 수행할 수 있기 때문입니다. 필자는 전후방 각지에서 근무하며 종종 인적이 드문 관사에 혼자 지내야

했습니다. 특히 지휘관 시절에는 이러한 상황이 더욱 빈번했습니다. 아내는 아이들의 학업 때문에 주말에만 잠시 다녀가는 주말부부 생활을 했습니다. 부대에서 공적인 일을 마친 이후 저녁이 되면, 넓고 외딴 관사에 홀로 남겨지곤 했습니다. 그때 가장 큰 고민은 이러한 외로움과 지루함을 어떻게 효과적으로 관리할 것인가 하는 것이었습니다. 이를 해결하기 위해 다양한 방법을 모색했습니다.

결국, 찾은 방법은 잠시의 즐거움을 주는 TV 시청을 제한하는 것이었습니다. TV는 9시 뉴스에만 한정하고, 그것도 실내 사이클로 운동하면서만 보는 조건을 두었습니다. 이러한 단순한 일상 속에서 필자는 외로움과 지루함을 이겨내는 방법을 찾았습니다. 처음에는 이를 반복하고 습관화하는 데에 많은 어려움이 있었습니다. 하지만 점차 익숙해지면서 독서, 명상, 서예 등 나 자신과 대화할 시간을 많이 가지게 되었습니다. 이런 과정을 통해 외로움과 지루함으로 비워진 마음을 고독의 평화와 새로움으로 채워가는 자기조절에 대한 습관을 키울 수 있었습니다. 이 습관이 지금까지 유지되어, 혼자 있을 때 외로움과 지루함을 느낄 시간이 없습니다. 이는 항상 자신과 대화할 준비가 되어 있고, "지루함을 극복하는 것이 위대함이다."라는 격언이 항상 내 마음에 새겨져 있기 때문입니다.

일상생활에서의 자기조절 습관화

우리는 일상생활에서 자기조절 능력을 향상시킬 수 있는 다양한 방안을 적용할 수 있습니다. 이러한 방안들은 개인의 특성과 상황에 따라 효과가 다를 수 있으므로, 지속적인 노력과 평가를 통해 자신에게 맞는 방법을 습관화하는 것이 중요합니다.

첫째, 명확한 목표 설정과 계획 수립입니다. SMART 기법을 활용하여 구체적이고 측정 가능한 목표를 세우고, 이를 달성하기 위한 단기 목표들을 정기적으로 점검하는 습관을 들이는 것이 도움이 됩니다. SMART는 Specific(구체적), Measurable(측정 가능한), Achievable(달성 가능한), Realistic(현실적인), Time-bound(기한이 있는)의 약자이며, 이는 효과적인 목표 설정을 위한 기준을 제시합니다.

둘째, 지연 만족 훈련을 강화하는 것입니다. 작은 것부터 시작해 점진적으로 즉각적인 만족을 지연시키는 연습을 하고, 장기적인 목표를 위해 인내하는 능력을 기르는 것이 중요합니다.

셋째, 인지적 재구성 기법을 활용하여 부정적인 사고방식을 객관적으로 파악하고, 건강한 사고방식으로 전환하는 것입니다. 긍정적인 자기 대화를 통해 불안을 줄이고 집중력을 높일 수 있습니다.

넷째, 시간관리 기술을 개발하는 것입니다. 포모도로 기법이나

ABC 분류 기법 등을 활용하여 중요한 일에 집중하고, 비효율적인 활동을 줄임으로써 생산성을 높일 수 있습니다. 포모도로 기법은 25분 동안 집중적으로 작업하고, 5분 동안 휴식을 취하는 것을 반복하는 것이며, ABC 분류기법은 업무를 A(가장 중요한), B(중요한), C(덜 중요한)로 분류하여 우선순위를 지정하는 기법으로 말합니다.

다섯째, 긍정적인 자기 대화를 연습하는 것입니다. 부정적인 생각을 인지하고, 이를 현실적이고 긍정적인 대안으로 바꾸어 나가는 습관을 들이는 것이 도움이 됩니다.

이러한 자기조절 습관들을 일상생활에 꾸준히 적용하면, 시간이 지남에 따라 자기조절 능력이 강화되는 것을 경험할 수 있습니다. 중요한 것은 한 번에 모든 것을 바꾸려 하지 않고, 작은 변화부터 시작하여 점진적으로 습관을 형성해 나가는 것입니다.

자기조절 능력은 개인의 성공과 행복에 중요한 역할을 하는 핵심 역량입니다. 감정, 충동, 욕망의 균형을 이루는 이 능력은 지속적인 훈련과 의식적인 노력을 통해 향상될 수 있습니다. 제시된 방법들을 자신의 상황에 맞게 적용하고 꾸준히 실천한다면, 더 나은 삶의 질과 성취를 경험할 수 있을 것입니다. 자기조절 능력을 키우는 것은 개인의 성장뿐만 아니라, 더 나은 사회를 만드는 데에도 기여할 수 있습니다.

5. 중독의 출발점은 습관이다.

미국 심리학교수 빅터 프랭클Viktor Frankl은 "중독은 우리가 선택하는 감옥이다."라고 말했습니다. 이 표현은 중독의 본질을 정확하게 포착하고 있습니다. 중독은 대개 자발적인 선택에서 시작되지만, 시간이 지남에 따라 개인의 통제를 벗어나게 되며, 결국 삶의 모든 면을 지배하는 '감옥' 같은 상태에 이르게 됩니다.

중독의 초기 단계에서는 호기심, 쾌락 추구, 또는 스트레스 해소가 주된 동기가 됩니다. 그러나 점차 이 행동이나 물질 사용이 삶의 다른 영역을 압도하게 되어, 개인은 빠져나오기 힘든 상황에 처하게 됩니다. 이는 프랭클 교수가 언급한 '선택한 감옥'의 개념을 잘 설명해줍니다.

이 절에서는 중독에 대한 사회적 인식과 치료의 변천 과정과 뇌에서 중독이 작동하는 메커니즘을 다룹니다. 그리고 스트레스, 습관과 중독에 대한 상관관계를 살펴보고, 그 극복 방안을 알아 보겠습니다. 한편 현대 사회에서 점점 더 심각한 문제로 대두되고 있는 디지털 중독에 관해서는 그 특수성을 고려하여 별도의 절에서 상세히 다

루도록 하겠습니다

과학 발전에 따른 중독 인식

중독은 특정 행동이나 물질에 대한 강박적이고 통제할 수 없는 욕구를 나타내는 복잡한 질환으로, 개인의 신체적·정신적 건강과 사회적 기능에 심각한 악영향을 미칠 수 있습니다. 중독에 대한 역사적 인식과 접근법의 변화를 살펴보면, 중독이 단순한 도덕적 문제가 아님을 이해할 수 있습니다.

과거에는 중독을 도덕적 실패나 의지력 부족의 결과로 여겼습니다. 20세기 초반까지만 해도 중독자들은 종종 범죄자나 도덕적으로 타락한 사람으로 취급되었고, 처벌이나 사회적 격리가 주요 대응방식이었습니다. 그러나 1956년 미국 의학협회가 알코올 중독을 질병으로 공식 인정하면서 중독에 대한 의학적 모델이 발전하기 시작했습니다. 이후 중독은 생물학적·심리적·사회적 요인이 복합적으로 작용하는 질환으로 이해되기 시작했습니다. 특히, 뇌 과학의 발전은 중독이 뇌의 보상체계와 깊이 관련되어 있음을 밝혀내며, 중독을 단순한 의지력 문제가 아닌 뇌의 기능 변화로 보는 관점을 강화했습니다.

이에 따라 치료방법도 변화해 왔습니다. 초기에는 금단증상 관리와 단순한 금욕에 초점을 맞추었으나, 점차 심리사회적 개입의 중요성이 인식되었습니다. 인지행동치료, 모바일 앱을 통한 자기관리 도구 등 다양한 치료법이 도입되었으며, 약물치료와 병행하는 방식도 사용되었습니다. 최근에는 중독을 만성질환으로 보는 시각이 강조되면서, 단기적 개입보다는 장기적인 관리와 재발 방지에 중점을 둔 접근법이 선호되고 있습니다.

또한, 중독 예방의 중요성이 더욱 부각되어 조기 교육과 중독 위험군을 대상으로 한 프로그램들이 확대되고 있습니다. 하지만 여전히 중독에 대한 사회적 낙인은 치료의 큰 장벽으로 남아 있으며, 이를 해소하기 위한 대중인식 개선과 중독자 인권보호 노력이 지속적으로 필요합니다.

결론적으로, 중독에 대한 우리의 이해와 접근방식은 지난 세기 동안 크게 발전했습니다. 중독을 도덕적 실패라는 단순한 시각에서 벗어나, 신경생물학적·심리적·사회적 요인이 복합된 현상으로 인식하게 되었습니다. 이에 따라 더욱 효과적이고 인도적인 치료방법들이 개발되고 있으며, 앞으로도 과학의 발전과 사회적 인식 변화에 따라 중독에 대한 대응은 계속 진화할 것으로 예상됩니다.

중독은 뇌의 기능 변화

중독은 뇌의 여러 시스템이 관여하는 복잡한 현상으로, 단순한 이상행동이 아닙니다. 일상생활에서 흔히 접하는 중독현상 중 하나는 음주입니다. 사람들은 스트레스 해소나 즐거움을 위해 술을 마시기 시작하지만, 이는 장기적으로 알코올 중독으로 이어질 수 있습니다. 이러한 중독현상이 뇌의 관점에서 어떻게 형성되는지 알아보겠습니다.

중독의 신경학적 기초는 뇌의 보상회로에서 시작됩니다. 이 회로는 중뇌의 도파민 생산공장인 복측피개영역VTA에서 시작하여 보상체계의 핵심인 측좌핵NAc으로 투사되는 도파민 신경원들로 구성되어 있습니다. 정상적인 상황에서 이 회로는 생존과 번식에 필수적인 행동들에 대해 보상신호를 보내 이를 강화합니다. 그러나 중독성 물질이나 행동은 이 자연적인 보상체계를 해킹합니다. 예를 들어, 코카인과 같은 약물은 도파민의 재흡수를 방해하여 시냅스에서 도파민 농도를 비정상적으로 올려줍니다. 이는 강력한 쾌감을 유발하며, 뇌는 이를 매우 중요한 경험으로 기록합니다. 반복적으로 사용하면 뇌의 구조와 기능에 장기적인 변화를 일으킵니다.

이러한 현상은 신경 가소성 메커니즘을 통해 보상회로의 연결이 강화되고, 동시에 전두엽의 억제기능이 약화됩니다. 이는 약물에 대한 갈망을 증가시키고 자기 통제력을 감소시키는 결과를 초래합니다. 또한, 중독의 진행과정에서 내성의 발달도 중요한 역할을 합니다. 지속적인 약물 노출로 인해 도파민 수용체의 민감도가 떨어져 같은 효과를 얻기 위해 더 많은 양의 약물이 필요하게 됩니다. 이는 보상회로가 더 많은 자극을 요구하여 일상적인 즐거움을 느끼는 능력을 감소시킵니다.

스트레스 반응 시스템의 변화도 중독의 신경생물학적 작동에서 중요한 부분입니다. 만성적인 약물 사용은 시상하부-뇌하수체-부신축HPA axis의 기능을 변화시켜 스트레스에 대한 과민반응을 유발합니다. 이는 스트레스 상황에서 약물사용 욕구를 증가시키는 요인이 됩니다. 중독은 해마와 편도체의 기억과 학습 시스템을 자극하여 약물 사용과 관련된 환경적 단서들을 강하게 기억하게 합니다. 이로 인해 특정 장소나 상황이 강력한 약물 갈망을 유발할 수 있습니다.

또한, 최근 연구들은 중독에 유전적 요인도 영향을 미친다고 설명합니다. 특정 유전자 변이들이 도파민 시스템의 기능이나 약물 대사에 영향을 끼쳐 중독에 대한 감수성을 높일 수 있습니다. 그러나 유전적 요인은 환경적 요인과 복잡하게 상호작용하며, 단순한 인과관계로 설명할 수는 없습니다.

결론적으로, 중독의 형성은 뇌의 여러 시스템이 관여하는 복잡한 과정입니다. 보상체계의 변화, 스트레스 반응 시스템의 변화, 학습과 기억 메커니즘, 그리고 유전적 요인이 복합적으로 작용합니다. 또한, 중독은 개인의 심리사회적 환경과도 밀접하게 연관되어 있습니다.

이러한 이해는 중독을 단순한 의지력의 문제가 아닌 뇌의 기능 변화로 보는 관점을 제공하며, 더 효과적인 예방과 치료방법 개발의 기초가 됩니다.

습관에서 중독으로 전이

"습관은 처음에는 거미줄 같지만, 나중에는 쇠사슬이 된다."는 속담이 있습니다. 이 말은 습관이 처음에는 삶의 유연성을 더해 주는 유익한 것 같지만, 나중에는 벗어나기 어려운 상태가 될 수 있음을 은유적으로 표현한 것입니다. 이처럼 습관과 중독은 일상생활에서 자주 접하는 반복되는 행동 패턴이라는 점에서 공통점이 있습니다. 하지만 그 본질과 영향력에는 중요한 차이가 있습니다. 이 두 현상의 상관관계를 이해하는 것은 건강한 생활습관을 유지하고 중독의 위험을 예방하는 데 중요한 통찰을 제공할 것입니다.

습관은 반복적인 행동을 통해 형성되는 자동화된 일상생활 패턴입니다. 반면, 중독은 특정 물질이나 행동에 대한 강박적이고 통제불가능한 욕구를 특징으로 합니다. 중독은 개인의 신체적·정신적 건강과 사회적 기능에 심각한 악영향을 미치며, 이러한 부정적 결과에도 불구하고 행동을 지속하게 만듭니다. 습관과 중독의 가장 큰 차이점은 통제력의 유무입니다. 습관은 일반적으로 의지력을 통해 변경하거나 중단할 수 있지만, 중독은 개인의 의지만으로는 극복하기 어려운 강력한 충동을 동반합니다.

이러한 차이에도 습관과 중독은 밀접한 관련이 있습니다. 많은 중독은 초기에는 단순한 습관으로 시작될 수 있습니다. 앞에서도 설명했듯이, 스트레스 해소를 위해 가끔 술을 마시는 습관이 점차 알코올 중독으로 발전할 수 있습니다. 이 과정에서 뇌의 보상 시스템이 과도하게 활성화되고, 행동에 대한 통제력이 점차 상실되는 것입니다.

습관은 충동에 대한 반응이고, 중독은 강박에 대한 반응입니다. 이는 정상적인 습관형성 과정이 과도하게 강화될 때 중독이 일어난다는 것을 의미합니다. 이러한 습관이 중독으로 전이되는 과정에서 가장 중요한 신경과학적 변화는 다음과 같습니다:

첫째, 도파민 시스템의 과활성화입니다. 중독성 물질이나 행동은 뇌의 보상회로에서 비정상적으로 많은 양의 도파민을 분비하게 합니다. 이는 강력한 쾌감과 동기부여를 유발하며, 행동을 반복하고자 하는 강한 욕구를 만듭니다.

둘째, 뇌의 신경 가소성과 전두엽 기능 변화입니다. 반복된 중독 행동은 시냅스 연결을 강화하고, 새로운 신경회로를 형성합니다. 이는 중독행동을 더욱 자동화하고 고질화하는 것입니다. 또한 중독이 진행됨에 따라 전두엽, 특히 전전두피질의 억제기능이 약화됩니다.

이로 인해 충동조절 능력이 감소하고, 부정적 결과에도 불구하고 행동을 멈추기 어려워집니다.

셋째, 스트레스 반응 시스템과 조건화된 학습의 변화입니다. 만성적인 중독행동은 스트레스 반응 시스템을 과민하게 만듭니다. 이는 스트레스 상황에서 중독행동을 더 쉽게 유발합니다. 그리고 중독행동과 관련된 환경적 단서들이 강력한 조건화 자극이 됩니다. 이는 특정 상황이나 감정상태가 강한 갈망을 유발하게 만듭니다.

넷째, 보상 민감도와 의사결정 과정의 변화입니다. 지속적인 중독행동은 일상적인 보상에 대한 민감도를 낮추고, 중독 대상에 대한 민감도를 높입니다. 이로 인해 일상생활에서 즐거움을 느끼기 어려워지고, 중독행동에 더욱 의존하게 됩니다. 그와 함께 중독이 진행됨에 따라 장기적 결과보다는 즉각적인 보상을 선호하는 방향으로 의사결정 패턴이 변화합니다. 이는 안와眼窩 전두피질(눈에 움푹 파인 부분에 있는 피질)과 같은 뇌 영역의 기능 변화와 관련이 있습니다.

다섯째, 내성의 발달과 금단현상 발생입니다. 반복된 중독행동은 동일한 효과를 얻기 위해 더 많은 양이나 더 강한 자극을 필요로 하게 만듭니다. 이는 도파민 수용체의 감소나 민감도 저하와 관련이 있습니다. 또한, 중독행동을 하지 않을 때 불쾌한 신체적·정신적 증상이 나타나게 됩니다. 이는 불쾌한 일을 점점 싫어하게 되는 부정적 강화를 통해 중독행동을 더욱 강화합니다.

이러한 신경과학적 이해는 중독의 예방과 치료에 중요한 시사점을 제공합니다. 예를 들어, 초기 단계에서의 개입이 중요하며, 단순히 의지력 강화가 아닌 뇌의 기능을 회복시키는 다각적 접근이 필요함을 시사합니다. 또한, 스트레스 관리, 대체 보상 시스템의 개발, 환경적 트리거의 관리 등이 치료에 중요한 요소가 될 수 있음을 보여줍니다.

하지만 모든 습관이 중독으로 발전하는 것은 아니며, 중독성 물질이나 행동의 특성, 노출 빈도와 강도, 개인의 취약성 등이 복합적으로 작용합니다. 따라서 습관에서 중독으로의 전환은 복잡한 신경생물학적 과정이며, 이에 대한 이해는 계속해서 발전하고 있습니다. 이러한 지식은 중독에 대한 사회적 인식을 개선하고, 더 효과적인 예방 및 치료 전략을 개발하는 데 기여할 것입니다.

스트레스는 만병의 근원

스트레스는 현대인의 삶에 깊숙이 자리 잡고 있는 문제입니다. 2023년 국민건강영양조사에 따르면, 성인의 약 80%가 일상생활에서 스트레스를 경험하고 있다고 합니다. 스트레스는 원래 물리학에서 물체에 가해지는 압력이나 힘을 가리키는 용어였지만, 이 개념이 인체에 적용되어 외부 자극에 대해 신체가 물리적 압력과 같이 느껴진다는 것입니다.

일상생활에서 마주치는 업무 부담, 대인관계 갈등, 경제적 어려움 등 다양한 도전과 압박감이 스트레스의 원인이 될 수 있습니다. 적정 수준의 스트레스는 때로 긍정적인 효과를 가져오기도 합니다. 예를 들어, 적당한 스트레스는 집중력을 높이고, 생산성을 향상시키며, 목표 달성을 위한 동기부여가 될 수 있습니다. 이를 '창조적 스트레스'라고 부르기도 합니다. 하지만 지속적이고 과도한 스트레스는 신체건강과 정신건강에 부정적인 영향을 미칠 수 있습니다.

이러한 스트레스는 중독과 밀접한 연관성을 가지고 있습니다. 많은 사람들이 스트레스에 대처하는 방법으로 알코올, 약물, 도박, 인터넷 등에 의존하게 되는데, 이는 결국 중독으로 이어질 수 있습니다. 이외에도 쇼핑, 음식 등 다양한 형태의 중독이 존재합니다. 스트레스 상황에서 일시적인 해소감을 얻기 위해 이러한 행동에 의존하다 보면, 점차 그 행동에 대한 통제력을 잃고 습관화되어 중독으로 발전할 수 있는 것입니다.

스트레스와 중독의 관계는 신경생물학적으로도 설명될 수 있습니다. 스트레스는 뇌의 보상 시스템에 영향을 미쳐 도파민 분비를 촉진하고, 이로 인해 쾌락을 추구하는 행동이 강화됩니다. 도파민은 우리 뇌의 보상회로에서 중요한 역할을 하는 신경전달물질로, 특정 행동이나 경험에 대한 동기부여와 강화에 관여합니다. 스트레스 상황에서 도파민 분비가 증가하면, 일시적으로 긍정적인 감정을 경험하게 되고, 이는 스트레스 해소행동을 반복하게 만드는 요인이 됩니다.

반복적인 스트레스는 신경회로의 변화를 일으켜 중독행동을 더욱 강화하고, 이는 다시 스트레스 반응을 증가시키는 악순환을 초래할 수 있습니다. 이러한 과정에서 뇌의 전두엽 기능 저하가 발생해 충동조절이 어려워지고, 이는 중독의 악화를 부추길 수 있습니다. 전두엽은 의사결정, 계획, 충동조절 등을 담당하는 뇌의 영역으로, 중독행동을 조절하는 데 중요한 역할을 합니다. 하지만 만성적인 스트레스와 중독은 전두엽의 기능을 저하시켜, 합리적인 의사결정과 자기조절을 어렵게 만듭니다.

따라서 스트레스와 중독은 서로 밀접하게 연관되어 있으며, 이 둘의 관계를 이해하고 적절히 대응하는 것이 개인의 건강과 행복을 위해 매우 중요합니다. 스트레스에 대한 인식을 높이고 건강한 대처방법을 실천함으로써, 중독의 위험을 줄이고 더 나은 삶의 질을 유지할 수 있습니다. 효과적인 스트레스 관리는 중독 예방과 회복에 핵심적인 역할을 합니다.

건강한 스트레스 대처방법으로는 규칙적인 운동, 명상, 취미활동,

사회적 지지 등이 있습니다. 이러한 활동들은 스트레스 호르몬인 코르티솔 수치를 낮추고, 긍정적인 정서를 증진시키며, 삶의 균형을 유지하는 데 도움을 줍니다. 또한, 스트레스 상황에서 전문적인 도움을 받는 것도 중요합니다. 심리 상담이나 치료는 스트레스에 대한 적응력을 키우고, 중독행동을 예방하거나 치료하는 데 효과적일 수 있습니다.

스트레스는 현대인의 삶에서 피할 수 없는 부분이지만, 그것이 우리의 삶을 지배하도록 두어서는 안 됩니다. 스트레스와 중독의 관계를 이해하고, 건강한 대처전략을 실천함으로써, 우리는 보다 행복하고 균형 잡힌 삶을 영위할 수 있을 것입니다. 스트레스 관리는 개인의 책임일 뿐만 아니라, 사회적 차원에서도 중요하게 다루어져야 할 과제입니다. 기업, 학교, 지역사회 등 다양한 영역에서 스트레스 예방과 관리를 위한 노력이 필요할 것입니다.

스트레스 관리를 위한 실증적 체험

사람은 밀려오는 파도를 멈출 순 없지만, 그것을 타는 법은 배울 수 있습니다. 이처럼 우리는 스트레스를 없앨 순 없어도 적절히 조절하여 창조적인 힘으로 변환시킬 수 있습니다. 스트레스 관리법으로는 규칙적인 운동, 명상, 취미활동, 대인관계 개선 등이 일반적으로 알려져 있습니다. 하지만 개인의 특성과 환경에 맞는 방법을 찾는 것이 무엇보다 중요합니다. 여기서는 필자의 경험을 바탕으로 스트레스 관리를 위한 실질적인 전략을 소개하고자 합니다.

첫째, 산책을 통한 스트레스 관리입니다. 필자는 대령 시절 엄청난 업무 스트레스를 겪었습니다. 당시 필자는 업무시간에는 타 부서와 협조하는 일을 최우선으로 하고, 야간에는 자기 일을 하는 것이 나의 업무원칙이었습니다. 이러한 업무 방식에서 쌓이는 스트레스를 해소하기 위해 필자는 점심, 저녁 식사 후 산책을 했습니다. 동료들과 함께 비 오는 날에는 우산을, 눈 오는 날에는 귀마개와 장갑을 준비해 악착같이 산책을 이어 나갔습니다. 또한 출퇴근할 때도 차를 멀리 세워두고 걸어 다녔습니다. 이는 스스로 스트레스 상황에 함몰되지 않도록 하기 위한 새로운 환경을 습관적으로 조성해 나가는 방법입니다.

둘째, 금연을 통한 건강관리입니다. 필자는 담배를 많이 피우지 않았지만, 즐겨 피우는 편이었습니다. 그러던 어느 순간 내가 담배를 즐기는 것이 아니라, 담배가 나를 통해 즐기는 것 같은 기분이 들어 금연을 결심했습니다. 건강검진에서 혈압이 높게 나온 것도 계기가 되었습니다. "행복해서 웃는 것이 아니라, 웃어서 행복하다."라는 말처럼 우리의 뇌는 세뇌가 가능합니다. 그래서 필자는 금연을 위해 담배가 건강에 미치는 해로운 영향에 대한 자료를 보며 뇌를 세뇌시켰고, "건강과 업무 스트레스가 겹치면 한순간에 모든 것이 끝난다."는 논리를 스스로 만들어 뇌의 신경망 연결을 조정하려 노력했습니다. 아울러 커피를 보이차로 바꾸는 등 환경 변화도 시도했습니다.

셋째, 술과의 관계 조율입니다. 담배를 끊은 후에도 술을 마실 때마다 담배를 피우는 현상이 계속되었습니다. 이를 극복하기 위해 필자는 "술맛을 제대로 느끼려면 술 마실 때 담배를 피우지 말아야 한다."는 생각을 거듭했습니다. 이런 과정을 거쳐 담배를 완전히 끊고 술은 필요한 경우에만 자제하면서 마시는 습관을 들였습니다. 당시에는 술을 마셔야 업무를 잘 할 수 있다고 생각했지만, 지금은 오히려 술을 마시지 않은 편이 업무 성과가 더 좋다는 의견이 많습니다.

이렇듯 스트레스 관리와 중독 예방을 위해서는 건강한 생활습관을 기르고, 필요할 때 주저 없이 도움을 요청하는 것이 중요합니다. 일반적으로 알려진 스트레스 관리방법들과 더불어 개인의 특성과 환경에 맞는 전략을 세우는 것이 효과적입니다. 필자의 경험이 여러분에게 유용한 통찰과 동기부여를 제공할 수 있기를 바랍니다. 작은 변화로부터 시작하여 건강하고 행복한 삶을 살아갈 수 있습니다.

제3장

미래를 지향하는 메타적 습관

1. 메타인지는 무엇인가?
2. 문화는 사회적 습관이다.
3. 디지털 활용과 디지털 디톡스
4. 인공지능(AI) 시대와 메타인지

제3장에서는 메타인지, 즉 자신의 사고과정을 모니터링하고 조절하는 고차원적 사고능력에 대해 다룹니다. 메타인지는 개인뿐 아니라 조직 문화와도 밀접한 관련이 있습니다. 특히 AI 시대를 맞아 개인과 조직 모두 유연한 적응력을 기르는 것이 중요해졌습니다. 이에 개인과 조직 차원에서 메타인지 능력을 향상시키는 방안을 제안하고자 합니다.

# 1. 메타인지는 무엇인가?

메타(meta-)는 "~넘어서"와 같은 초월의 의미와 "~에 대해서"라는 평가의 개념이 있습니다. 우리가 통상 얘기하는 메타버스는 초월의 의미로 현실을 초월한 가상공간을 의미합니다. 하지만 메타인지는 평가의 개념으로, 인식하는 것을 성찰한다는 의미입니다.

"~~에 대하여"는 about입니다. 무엇에 대해서 내려다 보는 것입니다. 내려다 보는 것을 분석한다는 의미입니다. 생각에 대하여 평가하는 것이 메타생각이고, 기억에 대하여 고찰하는 것이 메타기억입니다. 그리고 순간에 대하여 성찰하는 것은 메타순간인데, 이는 순식간에 이루어지는 감정에 적용하면 감정메타가 되는 것입니다. 따라서 메타인지는 우리가 어떤 생각과 어떤 감정을 가지고 정보를 어떻게 처리하고 있는지를 스스로 알아차리는 것이라 할 수 있습니다.

이 절에서는 메타인지에 대한 고대 현인들의 통찰을 고찰해 보고, 메타인지의 신경학적 작동 원리를 살펴보겠습니다. 그리고 메타인지와 관련된 습관에 대해서도 알아보겠습니다.

너 자신을 알라.

자신의 사고과정을 인식하고 이해하는 능력인 메타인지는 현대 심리학에서 중요한 개념입니다. 하지만 이와 유사한 사고방식은 고대 철학자들의 가르침에서도 찾아볼 수 있습니다. 기원전 500년 전후의 '축의 시대'라고 불리는 정치사회적·철학적·종교적 혁명이 일어난 시기가 있었습니다. 그 시대에 동양에는 공자, 노자, 손자 등이 있었고, 그리스에는 소크라테스, 플라톤, 아리스토텔레스가 있었으며, 인도에는 붓다가 있었습니다.

고대 그리스의 철학자 소크라테스가 남긴 "너 자신을 알라."라는 격언은 자기 인식의 중요성을 강조한 대표적인 예입니다. 이는 단순히 자신의 장단점을 아는 것을 넘어, 자신의 무지를 인식하고 끊임없이 학습하며 성장하라는 의미를 담고 있습니다. 소크라테스의 이 가르침은 개인이 스스로의 생각을 성찰적으로 인식하고 개선하려는 노력을 강조합니다.

중국의 철학자 공자는 "아는 것을 안다고 하고 모르는 것을 모른다고 하는 것이 진정으로 아는 것이다 知之爲知之 不知爲不知 是知也."라고 강조하였습니다. 이는 자기 인식과 밀접한 관련이 있습니다. 공자의 가르침은 자신의 지식과 무지를 정확히 인식하는 것이 중요하다는 것을 강조하며, 메타인지의 핵심을 담고 있습니다. 예를 들어, 자신이 알고 있는 것과 모르는 것을 명확히 구분하는 능력은 배우고 익히는 과정에서 매우 중요한 요소입니다.

군사 전략가 손자는 "지피지기 백전불태知彼知己 百戰不殆"라고 말했습니다. 이는 "적을 알고 나를 알면 백 번 싸워도 위태롭지 않다."는 뜻으로, 자기 인식의 중요성을 전략적 관점에서 강조한 것입니다. 손자의 이 가르침은 메타인지를 실제적 상황에서 적용하는 좋은 예시로, 자신과 상대방의 상태를 정확히 파악하고 전략을 세우는 것이 승리의 핵심임을 보여줍니다.

또한, 불교의 붓다(석가모니) 또한 자기 인식의 중요성을 강조했습니다. 불교의 수행방법 중 하나인 위빠사나vipassanā는 자신의 신체와 마음의 상태를 객관적으로 관찰하는 것을 핵심으로 합니다. 이는 현대의 마음챙김 개념과도 연결되며, 자신의 사고와 감정을 메타적으로 인식하는 능력을 기르는 방법입니다. 위빠사나는 명상을 통해 자신의 내면을 깊이 탐구하고, 자신의 생각과 감정을 초연하게 관찰하는 것을 목표로 합니다.

이처럼 동서양의 여러 고대 사상가들은 자기 인식의 중요성을 다양한 방식으로 강조했습니다. 이들의 가르침은 현대의 메타인지 개념과 상통하는 면이 많으며, 자신을 이해하고 관찰하는 것이 개인의 성장과 발전에 핵심적인 요소라는 점을 공통적으로 지적하고 있습니다. 이는 인간의 자기인식 능력이 시대와 문화를 초월하는 보편적 가치를 지니고 있음을 보여줍니다.

메타인지는 자기가 주도하는 학습이다.

메타인지 개념은 미국의 심리학자 존 플라벨John Flavell에 의해 1970년대에 처음 소개되었으며, 이후로 교육심리학, 인지심리학, 학습이론 등 다양한 분야에서 중요한 연구주제가 되었습니다. 메타인지는 크게 메타인지 지식과 메타인지 조절로 나뉘어집니다.

메타인지 지식은 개인이 자기 자신의 인지 과정에 대해 알고 있는 내용을 의미합니다. 이는 세 가지 하위 요소로 나눌 수 있습니다. 첫째, 개인적 지식은 자신이 어떤 방식으로 학습하고 이해하는지에 대한 인식을 포함합니다. 예를 들어, 어떤 사람이 자신은 시각적인 자료를 통해 더 잘 학습한다는 사실을 인식하는 경우입니다. 둘째, 과제 지식은 특정 과제가 요구하는 인지적 요구사항을 이해하는 것을 의미합니다. 예를 들어, 이는 수학문제를 해결하는 데에 필요한 절차를 아는 것과 같습니다. 셋째, 전략적 지식은 특정 상황에서 어떤 학습전략이 효과적인지에 대한 인식을 포함합니다. 예를 들어, 이는 시험을 대비하기 위해 요약 노트를 작성하거나, 중요한 정보를 기억하기 위해 반복 학습을 사용하는 경우입니다.

메타인지 조절은 실제로 자신의 인지 과정을 모니터링하고 조절하는 능력을 말합니다. 이는 계획, 모니터링, 평가의 세 가지 주요활동으로 구성됩니다. **계획**은 학습활동을 시작하기 전에 목표를 설정하고 필요한 전략을 선택하는 과정입니다. 예를 들어, 한 학생이 시험공부를 시작하기 전에 공부할 주제를 나누고, 각 주제에 대해 어떤 학습방법을 사용할지 계획하는 것입니다. **모니터링**은 학습활동이 진행되는 동안 자신의 이해와 성과를 지속적으로 점검하는 과정입니다. 예를 들어, 이는 독서를 하면서 자신이 내용을 잘 이해하고 있는지 확인하거나, 문제를 풀면서 올바른 접근방식을 사용하고 있는지 점검하는 것을 포함합니다. **평가**는 학습활동이 끝난 후 자신의 성과와 사용한 전략의 효과를 검토하는 과정입니다. 예를 들어, 이는 시험을 본 후 자신의 공부방법이 얼마나 효과적이었는지 평가하거나, 과제를 제출한 후 피드백을 통해 자신의 강점과 약점을 분석하는 것을 포함합니다.

메타인지는 학습과정에서 매우 중요한 역할을 합니다. 메타인지 능력이 높은 사람은 자신의 학습과정을 효율적으로 관리하고, 문제해결 능력을 향상시키며, 새로운 정보를 더 효과적으로 습득할 수 있습니다. 이는 특히 복잡한 과제나 새로운 학습상황에서 더욱 중요합니다. 또한, 메타인지는 학습자의 자기 효능감(self-efficacy)과도 밀접한 관련이 있습니다. 자기 효능감이 높은 학습자는 자신의 능력을 신뢰

하며, 어려운 과제에 직면했을 때도 긍정적인 태도로 도전할 가능성이 높습니다. 이러한 이유로, 메타인지 능력을 향상시키기 위한 교육적 전략이 많이 연구되고 있습니다. 예를 들어, 학습자에게 자기 성찰적 질문을 하도록 장려하거나, 학습과정에서 스스로 목표를 설정하고 평가하는 연습을 하도록 하는 것 등이 있습니다. 이를 통해 학습자들이 보다 효과적으로 학습하고 성장할 수 있도록 돕는 것이 중요합니다.

결론적으로, 메타인지는 자신의 인지과정을 이해하고 조절하는 능력으로, 학습의 질을 높이고 자기 주도적 학습을 가능하게 하는 핵심요소입니다. 이를 통해 학습자는 자신의 학습과정을 더 잘 이해하고, 효율적으로 관리하며, 나아가 지속적인 학습과 발전을 이룰 수 있습니다. 메타인지 능력은 훈련과 연습을 통해 향상시킬 수 있으며, 이를 위한 다양한 교육적 접근법이 존재합니다. 이러한 접근법을 통해 학습자는 자신의 학습 잠재력을 최대한 발휘할 수 있게 됩니다.

메타인지는 뇌의 역동적 상호작용

메타인지는 자신의 인지과정을 인식하고 조절하는 능력으로, 이는 전두엽, 특히 전전두피질과 밀접한 관련이 있습니다. 전전두피질은 고차원적 사고와 실행 기능을 담당하는 뇌 영역으로, 이러한 기능들은 모두 메타인지를 형성하는 데 핵심적인 역할을 합니다. 메타인지의 신경 메커니즘을 크게 세 가지 단계로 나누어 설명하겠습니다.

첫째, 모니터링 단계는 자신의 인지상태를 관찰합니다. 예를 들어, 학생이 시험공부를 하면서 "나는 이 개념을 이해하고 있나?"라고 스스로 묻는 것이 이에 해당합니다. 이 과정에는 전대상회前帶狀回가 중요한 역할을 합니다. 전대상회는 전두엽의 심층부에 띠 모양으로 둘러싸인 부분의 앞쪽에 있다는 뜻입니다. 이는 주의 조절, 인지적 갈등 모니터링, 수행평가 등을 통해 학습자가 자신의 학습과정을 효과적으로 관찰하고 평가할 수 있게 합니다.

둘째, 평가 단계는 모니터링한 정보를 바탕으로 자신의 인지상태를 평가합니다. 앞선 예에서 학생이 "아, 이 부분은 아직 완전히 이해하지 못했구나"라고 판단하는 것이 이 단계에 해당합니다. 이 과정에는 배외측 전전두피질이 관여합니다. 배외측背外側은 등쪽 바깥 옆이라는 의미입니다. 배외측 전전두피질은 정보의 유지, 조작, 업데이트를 담당하며, 이러한 기능들은 학습자가 자신의 학습상태를 평가하고, 목표 지향적 의사결정을 내리는 데 중요한 역할을 합니다.

셋째, 조절 단계는 평가결과를 바탕으로 인지과정을 조절합니다. 예를 들어, 이해가 부족하다고 판단한 학생이 "그럼 이 부분을 다시 복습해야겠다."고 결정하는 것입니다. 이 과정에는 전두극이 중요한 역할을 합니다. 전두극_{前頭極}은 전두엽 중에서 가장 앞쪽에 끝(極)에 있는 부분을 지칭합니다. 전두극은 장기기억 인출, 미래계획, 의사결정 등 고차원적 인지기능을 담당합니다. 이를 통해 학습자는 자신의 학습과정을 효과적으로 관리하고, 상황에 맞는 적절한 전략을 선택하며, 장기적인 학습목표를 달성할 수 있습니다.

메타인지 능력은 성장과정에서 점진적으로 향상됩니다. 영유아기에는 메타인지 능력이 거의 나타나지 않지만, 학령기에 접어들면서 급격히 발달합니다. 특히 청소년기에는 전전두피질의 성숙과 함께 메타인지 능력이 크게 향상됩니다(Weil et al., 2013). 메타인지 능력의 개인차와 관련해서는 작업기억 용량, 유동 지능, 집행기능 등의 인지능력이 영향을 미치는 것으로 알려져 있습니다(Rocbers et al., 2012). 또한, 부모의 양육방식, 교육환경 등도 메타인지 발달에 영향을 줄 수 있습니다.

메타인지의 신경 메커니즘은 전전두피질을 중심으로 한 여러 뇌 영역들의 복잡한 상호작용을 통해 이루어집니다. 앞서 언급한 전대상회, 배외측 전전두피질, 전두극 외에도 편도체, 선조체, 두정엽 등이 메타인지 과정에 관여하는 것으로 알려져 있습니다. 또한 메타인지는 기억, 학습, 문제해결 등 다양한 인지기능과 밀접하게 상호작용합니다.

예를 들어, Hertzog & Dunlosky(2011)의 연구에 따르면, 메타인지 능력이 높은 사람들은 주어진 과제의 특성에 따라 적절한 기억 전략(예: 시연, 정교화, 조직화 등)을 유연하게 선택하고 활용하는 경향이 있습니다. 이는 해마, 전전두피질, 두정엽 등 기억 관련 뇌 영역의 활성화와 관련이 있는 것으로 보입니다.

문제해결에서도 메타인지의 역할이 큽니다. 문제해결 과정에서 자신의 사고과정을 모니터링하고 평가하는 것은 매우 중요합니다. 메타인지 능력이 높은 사람들은 문제해결 과정에서 자신의 전략을 점검하고 필요한 경우 전략을 유연하게 조정하는 경향이 있습니다(Ackerman & Thompson, 2017).

이처럼 메타인지의 신경 메커니즘은 다양한 인지기능 및 뇌 영역과의 역동적인 상호작용을 통해 이루어집니다. 이에 대한 명확한 이해는 학습 및 문제해결능력 향상, 자신의 부정적 사고 패턴을 인식하고 조절하는 능력 향상, 우울증 등 정신건강문제 해결 등 다양한 분야에 기여할 수 있을 것입니다.

정답(定答)보다 해답(解答)을 찾는 습관

필자는 군에서 전역하고 중소기업 대표이사로 가기 전에 국립대학에서 초빙교수로 몇 년간 학생들을 가르친 적이 있습니다. 보통 사람들은 학교 시험문제에서 해답과 정답을 혼용해서 사용합니다. 이는 실제 삶에서도 정답만 찾는 경우로 이어지는 것을 많이 보았습니다. 그래서 필자는 항상 이 둘을 구별하는 습관을 지니려고 노력했습니다. 때로는 나 자신도 "이것이 정답이 아니면 어쩌지?" 하는 의구심으로 자기 의견을 제대로 제시하지 못할 때도 있었습니다. 하지만 그때마다 정답에 대한 집착을 버리고 문제를 해결할 수 있는 여러 방안인 해답을 찾으려고 노력했습니다.

정답은 주어진 문제에 대한 유일하고 절대적인 답을 의미하며, 주로 수학이나 과학과 같은 정형화된 학문에서 자주 사용되는 개념입니다. 정답을 찾는 과정은 종종 미리 정해진 절차를 따르는 것에 국한되며, 학생들의 창의성과 비판적 사고력을 제한할 수 있습니다.

반면, 해답은 문제해결을 위한 다양한 접근방식과 가능성을 내포합니다. 해답을 찾는 과정은 문제의 본질을 이해하고, 다양한 관점에서 접근하며, 여러 가지 해결책을 모색하는 것을 포함합니다. 이 과정에서 메타인식, 즉 자신의 사고과정을 인식하고 조절하는 능력이 중요한 역할을 합니다.

한국교육개발원의 연구에 따르면, 정답에 대한 압박감을 느끼는 학생들은 토론과정에서 적극적으로 참여하지 않고, 다른 학생들의 의견에 동조하거나 자신의 의견을 제시하는 것을 주저하는 경향이 있습니다. 이러한 정답 중심의 사고방식은 옳고 그름을 판단하는 이분법적 접근을 조장하여, 복잡한 현실세계의 문제를 다루는 데 한계를 보입니다. 반면, 해답을 찾는 과정은 메타인식과 밀접하게 연관되어 있으며, 더 유연하고 창의적인 사고를 요구합니다.

메타인식을 통한 해답 찾기는 우리에게 많은 이점을 제공합니다. 첫째, 문제해결 과정에서 자신의 사고를 객관적으로 관찰하고 평가할 수 있게 됩니다. 둘째, 다양한 해결방안을 고려하면서 창의적 사고력을 기를 수 있습니다. 셋째, 자신의 생각을 지속적으로 점검하고 개선하는 습관을 형성할 수 있습니다.

이처럼 정답 중심의 접근에서 해답 중심의 접근으로 전환하는 것은 토론능력을 향상시키고, 더 나아가 성공적인 삶을 영위하는 데 도움이 될 수 있습니다. 토론은 본질적으로 다양한 관점을 공유하고, 상호 이해를 통해 더 나은 해결책을 모색하는 과정입니다. 따라서 해답을 찾는 과정으로서의 토론은 우리에게 열린 사고와 유연한 태도를 갖게 하며, 다양성을 존중하는 자세를 기르는 데 기여합니다.

결론적으로, 정답에서 해답으로의 패러다임 전환은 우리가 직면한 문제를 더욱 효과적으로 해결하고, 타인과의 소통과 협력을 증진하는 데 도움이 될 수 있습니다. 메타인식을 통한 해답찾기 습관은 단순히 지식을 습득하는 것을 넘어, 지식을 창조하고 적용하는 능력을 기르는 데에 초점을 맞춤으로써, 미래사회가 요구하는 창의적이고 비판적인 사고력을 갖춘 인재를 양성하는 데 기여할 것입니다. 우리 모두가 정답에 대한 집착에서 벗어나, 해답을 찾는 과정을 즐기는 자세를 가질 때, 개인의 성장과 사회의 발전을 이룰 수 있을 것입니다.

시행착오를 인정하는 습관

다니엘 코일Daniel Coyle의 저서 「탤런트 코드」에서는 '깊은 연습' 개념을 소개하며, 이는 실수를 중심으로 학습하는 방법을 설명합니다. 연습자는 자신의 한계에 도전하며 의도적으로 실수를 만들어 내고, 그 실수를 분석하여 개선점을 찾습니다. 이는 단순한 오류가 아닌 현재 능력의 경계를 알려주는 지표로 작용합니다. 벤자민 프랭클린의 글쓰기, 모차르트의 작곡, 토마스 에디슨의 발명, 마이클 조던의 농구 기술 등은 실수와 실패를 통해서 지속적으로 개선한 결과를 보여주는 것입니다.

이처럼, 시행착오는 학습과 문제해결의 중요한 방법론 중 하나입니다. 이는 새로운 과제를 시도하면서 발생하는 실수를 통해 배우는 것으로 메타인지와 밀접하게 연관되어 있습니다. 메타인지는 자신의 인지과정을 인식하고 조절하는 능력을 의미하며, 학습자가 자신의 학습과정과 전략을 평가하고 조정할 수 있는 중요한 도구를 제공합니다.

첫째, 시행과정에서의 실패 인정은 메타인지의 모니터링 단계와 깊은 관련이 있습니다. 이 단계에서 학습자는 자신의 현재 상태와 행동을 관찰하고 평가합니다. 예를 들어, 문제해결을 시도했지만 실패한 경우, 학습자는 "이 접근 방식이 효과가 없었구나"라는 인식을 통해 전략의 부족함을 깨닫습니다. 이러한 실패 인정은 학습자가 자신의 상태를 객관적으로 바라볼 수 있게 합니다.

둘째, 실패를 인정하는 것은 메타인지의 평가단계와도 밀접하게 연결됩니다. 이 단계에서 학습자는 모니터링을 통해 수집된 정보를 바탕으로 자신의 인지 상태와 전략을 분석합니다. "왜 실패했는가?"를 분석하는 과정은 실패를 인정하는 데서 시작되며, 이를 통해 잘못된 전략을 파악하고 더 나은 접근법을 찾을 수 있습니다.

셋째, 조절단계에서는 평가 결과를 바탕으로 인지과정을 조절합니다. 이는 실패를 인정하고 새로운 전략을 도입하는 과정을 포함합니다. 예를 들어, 특정 문제해결에 실패한 학습자가 "다른 방법을 시도해 보자"라고 결정하는 것은 조절단계의 일환입니다. 실패 인정은 이러한 조절과정을 촉진하며 지속적인 학습과 성장을 가능하게 합니다.

실패를 인정하는 것은 메타인지 능력의 발전에 중요한 역할을 합니다. 실패를 통해 자신의 한계를 인식하고, 이를 개선하기 위한 전략을 수립하는 과정은 메타인지의 핵심입니다. 메타인지 능력이 높은 사람들은 실패를 두려워하지 않고, 이를 통해 배우며 자신의 학습전략을 지속적으로 발전시킵니다. 이는 더 나은 학습성과와 문제해결 능력으로 이어집니다.

또한, 시행착오 과정에서의 실패 인정은 자기 효능감과도 연관이 있습니다. 실패를 인정하고 새로운 전략을 모색하는 과정은 자신이 특정 과제를 성공적으로 수행할 수 있다는 믿음, 즉 자기 효능감을 높이는 데 기여할 수 있습니다. 이는 학습자가 더욱 도전적인 과제에 맞설 수 있는 동기를 부여하며, 궁극적으로 더 높은 메타인지 능력을 발달시키는 토대가 됩니다.

결론적으로, 시행착오 과정에서의 실패 인정은 메타인지와 깊은 연관이 있습니다. 이 과정은 메타인지의 모니터링, 평가, 조절 단계를 통해 이루어지며, 학습자의 지속적인 발전과 성장을 가능하게 합니다. 실패를 두려워하지 않고 이를 통해 배우는 습관은 메타인지 능력의 핵심이며, 이를 통해 더 나은 학습성과와 문제해결 능력을 얻을 수 있습니다.

2. 문화는 사회적 습관이다.

문화는 단순한 전통이나 관습의 집합을 넘어, 우리 사회의 생명력 있는 기반이자 역동적인 사회적 관행의 총체입니다. 인간이 모여 사회를 이루고, 그 사회 안에서 공유된 가치와 믿음이 문화로 발전해 가는 과정은 끊임없는 상호작용의 결과입니다. 이렇게 형성된 문화는 다시 개인의 일상적 행동 패턴인 습관에 영향을 미치고, 이러한 개인의 습관은 다시 사회와 문화에 작용하는 순환적 구조를 형성합니다.

이 과정이 반복되면서 인간, 사회, 문화, 습관은 서로를 지속적으로 변화시키고 발전시키는 역동적인 관계를 유지하게 됩니다. 특히 주목할 점은, 이러한 복잡한 상호작용이 개인이나 집단의 사고과정에 대한 인식과 조절 능력인 메타인지 발달에도 중요한 영향을 미친다는 것입니다. 메타인지는 우리가 문화적 맥락 안에서 자신과 타인을 이해하고, 더 나아가 사회적 관행을 비판적으로 성찰하고 발전시키는 데 핵심적인 역할을 합니다.

이 절에서는 인류가 역사적으로 어떻게 집단사회를 형성해 왔고,

그 과정에서 사회 문화라는 귀중한 유산을 어떻게 축적해 왔는지를 심층적으로 살펴볼 것입니다. 또한, 메타인지가 우리 사회 문화와 어떠한 상관관계를 가지며, 이를 통해 개인과 사회가 어떻게 상호 발전할 수 있는지를 탐구해 봅니다.

인류, 상상의 질서를 만들어내다.

이스라엘 역사학자 유발 하라리Yuval Harari의 저서 「사피엔스Sapiens」를 참고로 하여 인류의 사회 형성 과정을 알아보겠습니다. 약 7만 년 전, 인지혁명을 겪은 호모 사피엔스는 복잡한 언어능력을 갖추게 되었습니다. 이를 통해 호모 사피엔스는 더 큰 집단을 형성하고 협력할 수 있게 되었으며, 공통의 신화와 믿음 체계를 만들어 냈습니다. 이러한 능력은 사피엔스가 다른 인류 종들을 압도하고 전 세계로 퍼져 나가는 데에 결정적인 역할을 하였습니다.

구석기 시대가 지나면서 약 1만 2천 년 전 시작된 농업혁명은 인류사회에 큰 변화를 가져왔습니다. 인류는 사냥과 채집 생활에서 벗어나 정착생활을 시작하면서, 더욱 큰 규모의 사회와 문명이 발달하기 시작했습니다. 농업혁명 이후, 문자의 발명은 지식의 축적과 전파를 가능하게 했으며, 이는 더욱 발전된 문명의 토대가 되었습니다.

과학혁명과 산업혁명은 인류 사회를 다시 한번 크게 변화시켰습니다. 과학적 사고방식의 발달로 산업화와 도시화를 촉진시켰습니다. 인구는 생산력의 증대로 폭발적으로 증가했으며, 전 세계가 하나로 연결되는 글로벌 네트워크가 형성되기 시작했습니다. 현대에 이르러 정보혁명과 디지털 기술의 발달은 인류 사회를 또 다른 변화의 국면을 맞이하게 하였습니다. 인터넷과 소셜 미디어의 등장으로 정보의 생산과 공유가 그 어느 때보다 활발해졌으며, 이는 사회, 정치, 경제 전반에 큰 영향을 미치고 있습니다.

유발 하라리는 이러한 역사의 흐름 속에서 우리는 실제로 존재하지 않는 추상적인 개념들인 국가, 종교, 법, 화폐 등이 큰 힘을 발휘하며 사회를 움직이는 원동력이 되었다고 합니다. 이러한 '상상의 질서'는 사람들 대부분이 공통으로 믿음으로써 현실로 구현되었고, 대규모 협력을 가능하게 만들었다는 것입니다. 이러한 '상상의 질서'가 형성되는 메커니즘은 다음과 같습니다.

첫째, 특정 집단 내에서 리더나 영향력 있는 개인들이 새로운 아이디어나 개념을 제시하고, 이를 언어를 통해 공유하고 전파합니다. 둘째, 많은 사람들이 제시된 아이디어를 받아들이고 믿기 시작하면서, 실제로 존재하지 않는 개념이 현실적인 힘을 갖게 되고, 사회 제도와 구조로 구체화됩니다. 셋째, 제도화된 '상상의 질서'는 교육, 미디어, 법률 등을 통해 지속적으로 강화되고 다음 세대로 전달되며, 사회의 변화와 요구에 맞춰 적응, 진화합니다. 넷째, 여러 '상상의 질서'들이 서로 연결되고 의존하게 되면서, 더욱 복잡하고 강력한 사회 시스템을 형성합니다.

이러한 메커니즘을 통해 '상상의 질서'는 형성되고 유지되며, 실제로 우리의 삶과 사회를 지배하는 강력한 힘으로 작용합니다. 하라리는 이러한 '상상의 질서'가 인류의 대규모 협력을 가능케 하는 핵심요소라고 주장합니다.

결론적으로 하라리의 관점에서 인류 사회의 형성과정은 주요 혁명들을 거치며 점차 더 복잡하고 대규모의 협력체계를 구축해온 과정이며, 이 과정에서 인류는 '상상의 질서'를 만들어 내고 이를 통해 대규모 사회를 유지해왔습니다. 인류는 '상상의 질서'라는 독특한 능력을 바탕으로 오늘날의 복잡한 사회구조를 만들어낸 것입니다.

사회 구성원 행위가 문화를 이룬다.

사회발전은 인류가 시간의 흐름에 따라 적응하고 변화하는 과정에서 나타나는 일련의 현상들을 의미합니다. 이러한 발전은 기술, 경제, 정치, 사회구조 등 다양한 분야에서 일어나며, 각 분야의 발전은 다른 분야와 상호작용하며 문화를 형성합니다. 문화는 인간집단이 공유하는 가치관, 믿음, 행동양식, 지식, 그리고 관습의 총체로서 사회 구성원들의 일상에 깊이 뿌리내려 있습니다. 따라서 문화는 단순히 추상적인 개념이 아니라 사회 구성원들이 반복적으로 실천하는 사회적 습관이라고 볼 수 있습니다. 그러면 습관 관점에서 본 문화의 본질적인 특성에 대해서 알아보겠습니다.

첫째, 문화는 공유성과 학습성을 가집니다. 문화는 한 사회의 구성원들이 공통으로 공유하는 행동양식과 사고방식으로, 마치 습관처럼 사회 전체에 퍼져 있으며 구성원들 사이에서 자연스럽게 받아들여집니다. 이는 타고나는 것이 아니라 후천적으로 습득되며, 사회 구성원들은 그들의 문화를 학습하고 내면화합니다.

둘째, 문화는 축적성, 변동성 및 통합성을 가집니다. 문화는 세대를 거쳐 전해지면서 기존의 것에 새로운 요소가 더해지며, 시간의 흐름에 따라 변화합니다. 또한, 문화의 구성요소들은 상호 유기적 관련을 맺고 통합성을 가집니다. 이는 개인의 습관들이 서로 연결되어 전체 삶에 대한 생활 방식을 형성하는 것과 비슷합니다.

셋째, 문화는 행동양식을 형성하고 가치와 신념을 반영합니다. 문화는 사회 구성원들의 행동을 지배하는 중요한 요소로, 사회 전체의 행동 패턴을 형성합니다. 또한, 문화는 사회의 가치관과 신념 체계를 반영합니다. 이는 개인이 자긴 가치관과 선호도에 따라 형성된 습관에 따라 일상생활을 영위하는 것이나 마찬가지입니다.

넷째, 문화는 상징화하여 전달되고 적응, 생존합니다. 문화는 특정 상징과 언어를 통해 표현되고 전달되며, 이러한 상징과 언어는 사회적 습관의 일부로 자리 잡아 구성원들 간의 소통과 이해를 돕습니다. 그리고 문화는 인간이 주어진 환경에 적응하고 생존하기 위해 만들어낸 생활양식입니다.

결론적으로, 문화의 특성은 사회 구성원들에 의해 공유되고, 학습되며, 시간에 따라 변화하고, 행동을 지배하는 것으로 요약할 수 있습니다. 이는 개인의 습관과 유사한 특성을 사회적 차원에서 보여주는 것이며, 사회 구성원들의 행위가 모여 문화를 형성한다는 점을 시사합니다. 따라서 우리는 개인과 사회의 습관, 그리고 문화의 상호연관성을 이해함으로써, 사회발전의 근본적인 메커니즘을 파악할 수 있을 것입니다.

밈(meme), 유전자 차원의 문화 진화

습관과 유전자는 서로 밀접하게 연관되어 있습니다. 유전자는 습관 형성에 영향을 미치고, 습관은 유전자 발현에 영향을 미칠 수 있습니다. 이러한 상호작용을 통해 개인의 행동과 문화가 형성되고, 이는 다시 사회 전반에 걸쳐 확산됩니다. 리차드 도킨스Richard Dawkins의 저서 「이기적 유전자 The Selfish Gene」는 문화를 유전자 수준에서 설명하며, 이러한 과정을 이해하는 데에 중요한 시각을 제공합니다. 도킨스는 밈meme이라는 개념을 도입하여, 문화적 요소들이 유전자의 메커니즘과 유사한 방식으로 전파되고 진화한다고 주장합니다.

밈meme은 아이디어, 스타일 등과 같이 문화적 정보를 담고 있는 최소단위로, 유전자가 생물학적 정보를 전파하는 방식과 유사하게 인간사회 내에서 전파되고 변형됩니다. 밈은 사람들의 마음에서 마음으로 전이되며, 그 과정에서 자연선택의 원리가 작용하여 가장 적합한 밈이 살아남고 전파됩니다. 이러한 밈의 진화는 사회발전에 따른 문화 형성에 중요한 영향을 미칩니다.

예를 들어, 정보기술의 발전은 인터넷과 같은 새로운 플랫폼을 통해 밈의 전파 속도와 범위를 확장시켰습니다. 이는 문화적 변화의 속도를 가속화하고, 전 세계적으로 유사한 문화적 트렌드가 빠르게 확산되는 현상을 불러왔습니다. 동시에, 이러한 플랫폼은 다양한 밈들이 경쟁하고 상호작용하는 장을 제공하여, 특정 밈이 도태되거나 변형되는 과정을 촉진합니다. 밈의 확산은 단순히 문화적 정보의 전달을 넘어, 인간의 사고방식과 행동 패턴에도 영향을 미치며, 이는 개인과 사회 전체의 발전 방향을 결정짓는 중요한 요소로 작용합니다.

리차드 도킨스의 「이기적 유전자」는 이러한 문화적 변화와 사회발전의 과정을 이해하는 데 중요한 통찰을 제공합니다. 유전자가 생명체의 생존과 번식을 위해 자신을 복제하는 방식처럼, 밈은 인간의 정신과 사회적 환경 속에서 자신을 복제하고 확산시키는 메커니즘을 통해 문화를 형성합니다. 이는 문화적 진화가 유전적 진화와 마찬가지로 자연선택의 원리에 따라 이루어지며, 사회발전과 문화 형성의 상호작용을 깊이 이해하는 데 도움을 줍니다.

밈은 문화를 전달하는 수단일 뿐만 아니라, 새로운 생각과 관점을 창조하고 기존의 것과 결합하며 끊임없이 변형되는 역동적인 요소입니다. 이 과정에서 밈은 사회적 환경과 개인의 경험에 의해 영향을 받아 새로운 형태로 진화하며, 현대 사회에서 정치적·사회적·경제적 담론에 이르기까지 깊이 영향을 미치고 있습니다.

따라서, 사회발전과 문화 형성은 끊임없이 변화하는 상호작용 과정입니다. 리차드 도킨스의 밈meme 이론은 이러한 과정을 설명하는 데 강력한 도구를 제공하며, 인간사회의 복잡한 문화적 역동성을 이해하는 데 중요한 관점을 제시합니다. 이를 통해 우리는 역동적으로 변화하고 발전하는 사회에서 더욱 효과적으로 학습하고, 소통하며, 자신의 삶을 개척할 수 있는 메타인지 능력을 길러나가야 할 것입니다.

메타인지는 문화와 상호작용한다.

메타인지는 자신의 사고과정을 인식하고 조절하는 능력을 말합니다. 이는 학습, 문제해결, 의사결정 등 다양한 인지활동에 영향을 미칩니다. 한편, 문화는 특정 집단이 공유하는 가치관, 신념, 행동양식, 관습 등을 포함하는 복합적인 개념입니다. 문화형성과 메타인지는 서로 밀접한 관련이 있으며, 상호작용을 통해 서로에게 영향을 미칩니다.

메타인지는 문화를 배우고 적응하는 데에 중요한 역할을 합니다. 개인이 새로운 문화적 환경에 접했을 때, 메타인지 능력은 자신의 사고와 행동을 관찰하고 조절하는 데 도움을 줍니다. 이를 통해 새로운 문화적 규범과 가치를 더 효과적으로 이해하고 습득할 수 있습니다. 예를 들어, 외국에서 유학 중인 학생은 메타인지를 통해 자신의 문화적 편견을 인식하고, 새로운 문화에 더 개방적인 태도를 가질 수 있습니다.

반대로 문화 또한 메타인지 발달에 영향을 미칩니다. 서로 다른 문화권에서는 사고와 학습에 대한 접근방식이 다를 수 있으며, 이는 메타인지 전략을 어떻게 수립해야 하는지에 영향을 줍니다. 예를 들어, 개인주의적 문화권에서는 자기 성찰과 독립적 사고를 강조하는 경향이 있어, 개인의 메타인지능력 발달을 촉진할 수 있습니다. 반면, 집단주의적 문화권에서는 상호 의존성과 조화를 중시하여, 다른 형태의 메타인지 전략이 발달할 수 있습니다. 이처럼 문화적 배경은 개인의 메타인지 발달에 중요한 영향을 미칩니다.

또한, 문화가 형성되는 과정에서도 메타인지는 중요한 역할을 합니다. 집단 구성원들이 자신들의 사고와 행동 패턴을 인식하고 조절할 수 있을 때, 더 효과적으로 문화적 규범을 형성하고 변화시킬 수 있습니다. 예를 들어, 조직문화를 개선하기 위해서는 구성원들의 메타인지 능력이 변화 관리와 새로운 문화 정착에 핵심적인 요소가 될 수 있습니다.

더 나아가 메타인지는 문화 간 소통과 이해를 촉진합니다. 높은 메타인지 능력을 가진 개인은 문화적 차이를 더 잘 인식하고 이해할 수 있으며, 이는 다문화사회에서의 조화로운 공존에 기여합니다. 글로벌화가 진행됨에 따라 이러한 능력의 중요성은 더욱 커지고 있습니다. 또한, 이러한 문화적 다양성은 메타인지 발달에도 긍정적인 영향을 미칠 수 있습니다. 다양한 문화적 경험은 개인이 자신의 사고방식을 객관적으로 바라보고 다른 관점을 수용하는 능력을 향상시켜, 결과적으로 더 높은 수준의 메타인지 능력으로 이어질 수 있습니다.

요약하자면, 문화형성과 메타인지는 복잡하고 역동적인 상호작용 관계를 가지고 있습니다. 메타인지는 문화를 학습하고 적응하는 것을 촉진하고, 문화는 메타인지 능력을 발달시키는 데에 영향을 미칩니다. 이 두 요소의 상호작용은 개인의 인지발달, 문화적 적응, 사회적 상호작용 등 다양한 영역에서 중요한 역할을 합니다. 따라서 교육, 조직관리, 다문화정책 등 다양한 분야에서 메타인지와 문화의 관계를 고려한 통합적 접근이 필요할 것입니다.

메타인지는 습관 예측을 만든다.

습관 예측은 개인이나 조직 차원에서 자기의 일상적인 행동 패턴을 분석하고 앞으로의 행동을 예상하는 과정을 말합니다. 이는 우리의 일상생활에서 반복되는 행동들을 파악하고, 이를 바탕으로 미래의 행동을 예측하는 것입니다. 예를 들어, 매일 아침 같은 시간에 일어나 커피를 마시는 습관이 있다면, 이러한 행동이 내일도 반복될 것이라고 예측하고 관련되는 것을 사전에 마련해 두는 것입니다.

습관 예측은 개인적 차원뿐만 아니라 사회문화적 차원에서도 적용됩니다. 특정 사회나 문화권에서 나타나는 집단적 행동 패턴과 트렌드를 분석하고 미래의 경향을 예측하는 과정이 이에 해당합니다. 여기서는 이해도를 높이기 위하여 개인적 차원에서의 습관 예측과 이를 통한 메타인지 능력 향상에 초점을 맞추고자 합니다.

메타인지는 자신의 행동과 사고 패턴을 인식하고 분석하여 평가하는 능력입니다. 따라서 메타인지는 자신의 행동 패턴을 객관적으로 관찰하고 이해함으로써, 앞으로의 습관을 더 정확하게 예측할 수 있게 해줍니다. 다음은 개인적 차원에서의 습관 예측을 통해 메타인지 능력을 향상시키는 방법과 사례입니다.

첫째, 데이터 수집과 분석입니다. 자신의 일상적 행동 패턴에 대한 데이터를 수집하고 분석합니다. 예를 들어, 스마트폰 사용시간을 추적하는 앱을 통해 하루 동안의 사용 패턴을 기록하고 분석하여 자신의 디지털 습관을 객관적으로 파악합니다.

둘째, 패턴을 인식하고 자신의 행동을 예측합니다. 수집된 데이터를 바탕으로 반복되는 패턴을 인식하고, 그 패턴에 따라 미래의 행동을 예측합니다. 예를 들어, 매일 저녁 소셜 미디어 사용량이 증가하는 패턴을 발견하면, 그 시간이 되면 다시 같은 행동을 할 것이라 예측할 수 있습니다. 이를 통해 "왜 이 시간대에 소셜 미디어를 많이 사용하는가?"라는 질문을 스스로에게 던지며 메타인지적 사고를 발전시킬 수 있습니다.

셋째, 예측과 실제를 비교하는 것입니다. 예측한 행동과 실제 행동을 비교해 봅니다. 예를 들어, 소셜 미디어 사용을 줄이기로 결심한 후, 실제로 그렇게 했는지를 확인합니다. "예상대로 행동했는가?", "예상과 다르다면 무엇이 영향을 미쳤는가?" 등의 질문을 통해 자신의 행동을 더 깊이 이해할 수 있습니다.

넷째, 습관 변화를 실험해 봅니다. 예측된 습관을 의도적으로 변화시켜 보면서, 그 결과를 관찰합니다. 예를 들어, 소셜 미디어 대신 독서를 시도하고, 그 변화가 나에게 어떤 영향을 미쳤는지 분석합니다.

다섯째, 습관 예측과 실제 행동, 그리고 변화 실험의 결과를 기록하고 분석하여 지속적인 피드백 사이클을 만듭니다. 이를 통해 "어떤 습관이 나에게 이롭고 어떤 습관이 해로운가?" 등을 탐구합니다.

여섯째, 정기적으로 습관 예측 과정과 결과를 반성하고 조정합니다. 예를 들어, 한 달간의 습관 변화를 돌아보며 "어떤 전략이 효과적이었고, 무엇을 새롭게 알게 되었는가?"를 평가합니다.

이러한 과정을 통해, 습관 예측은 단순히 미래 행동을 예상하는 것을 넘어 자신의 사고와 행동 패턴에 대한 깊은 이해와 통찰을 제공하는 도구가 됩니다. 이는 메타인지 능력을 크게 향상시키며, 더 나아가 자기 주도적 학습과 개인의 성장을 촉진할 수 있습니다. 결과적으로, 습관 예측을 통한 메타인지 능력의 향상은 개인이 자신의 삶을 더 효과적으로 관리하고 목표를 달성하는 데 큰 도움이 될 수 있습니다.

3. 디지털 활용과 디지털 디톡스

"기술은 훌륭한 하인이지만 무서운 주인이다."라는 말이 있습니다. 우리는 지금 디지털 기술과 인공지능이 빠르게 발전하는 시대에 살고 있습니다. 디지털 시대는 주로 정보의 디지털화와 인터넷의 보급으로 특징지어지며, 인공지능 시대는 이러한 디지털 기술을 기반으로 데이터 활용, 자동화와 지능화 등 더욱 고도화된 기술이 적용되는 시대라 할 수 있습니다. 이 두 시대는 명확하게 구분되는 별개의 시대라기보다는 기술 발전의 연속선 상에 있는 개념으로 볼 수 있습니다.

이러한 기술 발전은 우리 삶에 많은 편익을 가져다주었지만, 동시에 사색보다는 검색을 더 많이 하는 등의 과도한 사용으로 인한 부작용도 낳았습니다. 이에 대한 해법으로 주목받는 것이 바로 디지털 디톡스입니다. 디지털 디톡스는 일정 기간 동안 디지털 기기 사용을 제한하거나 중단함으로써, 과용으로 인한 폐해를 해소하고 스스로 사용 습관을 조절하는 능력을 기르는 것을 말합니다.

이번 절에서는 디지털 시대와 인공지능 시대의 특징과 부작용에 대해 알아보고, 이를 해결하기 위한 방법으로 디지털 디톡스와 그와 관련된 메타인지 능력을 개발하는 방안에 대해서 살펴보겠습니다.

새로운 기술과 우리 삶의 변화

디지털 시대는 인터넷, 스마트폰, 소셜 미디어 등 디지털 기술이 사회 전반에 걸쳐 폭넓고 빠르게 침투하면서 우리 삶의 방식을 근본적으로 변화시킨 시대를 의미합니다. 주요 특징은 다음과 같습니다.

첫째, 정보 접근성이 비약적으로 증가했습니다. 인터넷과 모바일 기기의 보급으로 전 세계 어디서든 누구나 손쉽게 정보를 검색하고 접근할 수 있게 되었습니다. 이는 개인의 지식 습득뿐만 아니라, 비즈니스와 학문 연구에도 중요한 변화를 가져왔습니다.

둘째, 커뮤니케이션 방식이 변화했습니다. 소셜 미디어, 이메일, 메신저 앱 등 디지털 커뮤니케이션 도구들은 물리적 거리의 제약을 없애주었습니다. 이는 개인 간 소통뿐만 아니라 기업의 마케팅 및 고객 서비스 방식에도 혁신을 가져왔습니다.

셋째, 경제 구조가 변화했습니다. 디지털 기술의 발전은 온라인 쇼핑, 디지털 콘텐츠 제공 등 새로운 비즈니스 모델을 탄생시켰습니다. 이는 전 세계 시장을 대상으로 하는 글로벌 비즈니스의 성장을 촉진했으며, 아마존, 넷플릭스와 같은 디지털 플랫폼 기업의 등장으로 이어졌습니다.

넷째, 개인화된 서비스가 확대되었습니다. 빅데이터와 인공지능 기술로 개인의 취향과 행동 패턴을 분석해 맞춤형 서비스를 제공하는 것이 가능해졌습니다. 예를 들어, 유튜브는 사용자의 시청기록을 바탕으로 개인화된 동영상을 추천하고 있습니다.

다섯째, 일자리와 노동 환경이 변화하고 있습니다. 자동화와 인공지능의 도입으로 기존 일자리는 줄어들고 새로운 형태의 일자리가 생겨나고 있습니다. 이는 노동자들에게 새로운 기술 습득의 필요성을 제기하며, 교육과 훈련의 중요성을 부각시키고 있습니다.

반면에 디지털 시대의 부작용도 다양한 측면에서 나타나고 있습니다.

첫째, 개인정보 유출과 사이버 범죄가 증가하고 있습니다. 해킹과 악성 프로그램 등으로 인한 개인정보 유출 사고가 빈번히 발생하고 있으며, 온라인 사기 등 사이버 범죄도 증가하는 추세입니다.

둘째, 디지털 기기에 대한 과도한 의존으로 인한 부작용이 나타나고 있습니다. 스마트폰 중독, 게임 중독 등 디지털 중독 현상은 특히 청소년들의 신체적·정신적 건강에 부정적인 영향을 미치고 있습니다.

셋째, 온라인상의 익명성을 악용한 문제가 심각합니다. 사이버불링cyberbullying과 혐오 표현이 증가하고 있으며, 이는 개인의 명예를 훼손하고 사회적 갈등을 심화시키고 있습니다.

넷째, 디지털 격차로 인한 정보 불평등이 사회문제로 대두되고 있습니다. 경제적·지역적 요인 등으로 인해 디지털 기술에 대한 접근성에 차이가 발생하면서, 정보 습득과 교육 기회의 불평등이 심화되고 있는 것입니다.

다섯째, 가짜 뉴스와 허위 정보의 확산이 사회적 혼란을 야기하고 있습니다. 소셜 미디어를 통해 검증되지 않은 정보가 빠르게 퍼지면서 여론 조작, 사회 혼란 등의 부작용이 나타나고 있습니다.

이러한 부작용에 대응하기 위해서는 개인, 기업, 정부 차원의 다각적인 노력이 필요합니다. 개인은 디지털 리터러시literacy를 기르고 디지털 기기 사용을 적절히 조절하는 자기관리 능력을 키워야 합니다. 기업은 개인정보 보호를 위한 기술과 정책을 강화하고, 디지털 기술의 혜택이 사회 전반에 골고루 분배될 수 있도록 노력해야 합니다. 정부는 디지털 격차 해소를 위한 교육과 인프라 지원을 확대하고, 디지털 범죄에 대한 규제와 처벌을 강화해야 할 것입니다.

요컨대 디지털 시대는 기술 혁신을 통해 삶의 다양한 측면에서 혁신적인 변화를 가져왔지만, 동시에 새로운 도전과 과제를 동반하고 있습니다. 디지털 기술의 순기능을 극대화하고 역기능을 최소화하기 위해서는 사회 전반의 디지털 리터러시 교육, 윤리적 기술 개발, 포용적 디지털 정책 등 우리 모두의 지혜와 노력이 필요한 시점입니다. 이를 통해 우리는 디지털 시대를 보다 건강하고 지속가능한 사회로 만들어 갈 수 있을 것입니다.

디지털 시대와 디지털 중독

디지털 시대는 우리의 삶을 편리하고 풍요롭게 만들었지만, 그 이면에는 디지털 중독이라는 심각한 문제가 자리잡고 있습니다. **디지털 중독**은 디지털 기기와 인터넷, 특히 소셜 미디어, 모바일 게임, 스트리밍 서비스 등의 과도한 사용으로 인해 나타나는 중독현상을 말합니다.

디지털 중독의 원인은 복합적입니다. 먼저, 생물학적 측면에서 디지털 기기와 서비스는 우리 뇌의 보상체계를 자극합니다. 특히, 쾌락과 보상을 담당하는 신경전달물질인 도파민이 분비되어 강한 만족감을 줍니다. 이는 디지털 기기 사용에 대한 의존도를 높이는 요인이 됩니다.

또한, 소셜 미디어와 모바일 게임은 사용자의 참여를 유도하는 보상 시스템을 갖추고 있습니다. 이는 사용자를 플랫폼에 지속적으로 몰입하게 만드는 주요 요인입니다.

하지만 디지털 중독의 원인은 단순히 생물학적 차원에 국한되지 않습니다. 개인의 심리적 특성, 예를 들어 낮은 자존감, 우울감, 스트레스 등도 중독을 촉진할 수 있습니다. 뿐만 아니라 사회적 소외감, 현실에서의 불만족 등 환경적 요인도 디지털 중독을 부추길 수 있습니다.

디지털 중독은 개인의 정신건강에 심각한 영향을 끼칩니다. 2021년 한국정보화진흥원의 조사에 따르면, 스마트폰 과의존 위험군은 전체의 24.2%에 달하며, 이들 중 상당수가 주의력 결핍, 불안, 우울증 등의 정신건강문제를 겪고 있는 것으로 나타났습니다.

또한, 디지털 중독은 학습능력과 기억력에도 부정적 영향을 미칩니다. 이는 장기적으로 개인의 삶의 질을 저하시키는 요인이 됩니다.

사회적 측면에서도 디지털 중독은 여러 문제를 야기합니다. 청소년과 어린이들의 과도한 디지털 기기 사용은 학업 성취도 저하와 사회성 발달 지연으로 이어질 수 있습니다. 실제로 2020년 교육부 조사 결과, 디지털 기기 사용시간이 길수록 학업 성취도가 낮아지는 경향이 확인되었습니다.

가정 내에서는 디지털 기기 의존도 증가로 가족 간 소통이 감소하고, 관계가 악화될 수 있습니다. 직장에서도 과도한 디지털 기기 사용은 업무 효율성을 저하시키고 직무 스트레스를 증가시킬 수 있습니다.

디지털 중독문제 해결을 위해서는 개인과 사회 모두의 노력이 필요합니다. 개인적으로는 디지털 기기 사용을 스스로 조절하고, 건강한 대안 활동을 찾는 것이 중요합니다. 이를 위해 다음 부분에서 소개될 디지털 디톡스가 도움이 될 수 있습니다.

사회적으로는 디지털 중독에 대한 인식 제고와 예방 교육이 필수적입니다. 특히 어린이와 청소년을 대상으로 한 미디어 리터러시 교육과 건전한 디지딜 사용 문화 조성에 힘써야 합니다. 학교에서는 디지털 기기 사용에 관한 가이드라인을 마련하고, 학생들에게 올바른 사용방법을 교육할 필요가 있습니다.

기업들도 사용자의 건강한 디지털 사용을 유도하는 서비스 설계에 관심을 가져야 합니다. 예를 들어, 소셜 미디어 플랫폼은 사용시간 제한 기능, 과도한 사용에 대한 경고 메시지 등을 도입하여 사용자의 자기 조절을 도울 수 있을 것입니다.

정부 차원에서도 디지털 중독 예방과 해소를 위한 정책 마련이 시급합니다. 디지털 중독 관련 연구 지원, 상담 및 치료 서비스 제공, 관련 법규 정비 등이 필요합니다.

종합하면, 디지털 기술은 우리에게 많은 혜택을 주었지만, 중독이라는 새로운 문제도 야기했습니다. 디지털 중독 해결을 위해서는 개인의 자각과 노력, 그리고 사회 각 주체의 협력이 필수적입니다. 우리 모두가 건강한 디지털 사용 문화를 만들어 가는 데 동참해야 할 것입니다.

디지털 디톡스: 삶의 균형을 되찾기 위한 실천

디지털 기기는 우리 삶에 편리함을 가져다주었지만, 과도한 사용은 여러 문제를 초래할 수 있습니다. 이를 해결하기 위해 '디지털 디톡스'가 주목받고 있습니다. 이는 '디지털$_{Digital}$'과 '디톡스$_{Detox}$'의 합성어로, 일정 기간 동안 디지털 기기 사용을 줄이거나 중단하여 몸과 마음의 건강을 회복하는 것을 말합니다.

디지털 디톡스의 목표는 단순히 기기 사용을 중단하는 것이 아니라, 디지털 기기에 대한 의존도를 낮추고 오프라인에서의 활동과 인간관계에 더 많은 시간과 에너지를 쏟는 것입니다.

디지털 디톡스를 실천하는 방법은 개인의 상황과 목표에 따라 다양할 수 있지만, 일반적으로 다음과 같은 방법들이 있습니다.

첫째, 주말 디지털 디톡스입니다. 매주 토요일과 일요일 동안 디지털 기기를 사용하지 않는 것을 목표로 삼습니다. 이 시간 동안 가족과 함께 시간을 보내거나, 야외활동을 즐기거나, 책을 읽는 등의 오프라인 활동을 합니다.

둘째, 디지털 기기 사용시간을 제한합니다. 하루에 디지털 기기 사용을 1시간으로 제한하는 방법입니다. 이 시간을 활용해 이메일을 확인하는 등 필수적인 디지털 활동을 하되, 그 외의 시간에는 디지털 기기를 멀리합니다.

셋째, 디지털 프리 존을 설정합니다. 침실을 프리 존으로 설정하여 스마트폰, 태블릿, 컴퓨터 등을 사용하지 않습니다. 이는 수면의 질을 높이고, 더 나은 휴식을 취하는 데 도움이 됩니다.

넷째, 새로운 취미 찾기입니다. 디지털 기기 대신 즐길 수 있는 새로운 취미를 찾아 시간을 보냅니다. 이는 디지털 기기 사용시간을 줄이는 동시에, 새로운 기술을 배우고 사회적 관계를 형성하는 기회를 제공합니다.

다섯째, 도파민 단식을 병행합니다. 디지털 기기뿐 아니라 도파민 분비를 촉진하는 활동(설탕 섭취, 쇼핑 등)도 함께 제한하여 뇌의 보상 체계를 재설정합니다.

다만, 업무상 디지털 기기 사용이 불가피한 경우가 많고, 온라인 학습을 하는 학생에게 디지털 디톡스는 현실적으로 쉽지 않은 과제입니다. 이런 경우, 디지털 기기 사용을 최소한으로 줄이고 효율적으로 활용하는 방안을 모색해야 할 것입니다.

디지털 디톡스를 통해 우리는 다양한 이점을 얻을 수 있습니다. 집중력과 생산성이 향상되고, 스트레스가 감소하며, 수면의 질이 개선됩니다. 또한, 대인관계가 좋아지고 창의성이 증진되는 효과도 기대할 수 있습니다.

디지털 디톡스는 디지털 기기에 과도하게 의존하는 현대인의 삶을 재조정하는 데 도움이 되는 실천방법입니다. 개인의 상황에 맞는 방법을 선택하고 꾸준히 실천한다면, 디지털 세계와 현실 세계 사이의 건강한 균형을 찾을 수 있을 것입니다. 이를 위해서는 디지털 기기를 삶의 도구로 활용하되 스스로 통제할 수 있는 자세가 필요합니다. 또한, 오프라인에서의 활동과 휴식, 소중한 관계를 잊지 말아야 합니다.

디지털 디톡스를 위한 메타인지 훈련

메타인지는 자신의 생각, 감정, 행동을 인식하고 조절하는 능력을 의미합니다. 이는 디지털 디톡스 과정에서 자신의 디지털 기기 사용 패턴을 파악하고, 그로 인한 영향을 자각하며, 사용을 조절하는 데 중요한 역할을 합니다. 디지털 디톡스를 위한 메타인지 훈련은 자기 통제력을 기르고 건강한 삶을 되찾는 데 도움이 됩니다. 메타인지 훈련의 단계는 다음과 같습니다.

첫째, 디지털 기기 사용 패턴을 파악합니다.

자신의 디지털 기기 사용시간과 주요 목적을 기록하고 분석합니다. 이를 통해 자신의 기기 사용 패턴을 분석하고, 디지털 기기를 사용하는 주요 목적, 즉 업무, 오락, 소셜 미디어 등을 파악합니다.

둘째, 목표를 설정하고 계획을 수립합니다.

디지털 디톡스를 위한 명확하고 구체적인 목표를 설정하고, 실행 계획을 세웁니다. 계획은 한 번에 많이 바꾸려 하지 말고, 점진적으로 변화를 유도해야 합니다.

셋째, 자기 점검 및 피드백을 합니다.

매일 디지털 기기 사용을 점검하고 목표달성 여부를 평가합니다. 가족이나 친구들과 자신의 디지털 디톡스 목표를 공유하고, 서로 격려하며 책임감을 갖도록 합니다.

넷째, 대체 활동을 탐색합니다.

디지털 기기 사용을 줄이는 대신 즐길 수 있는 취미나 여가 활동을 찾아 시도해 봅니다. 독서, 운동, 명상, 야외활동 등을 시도하면서 자신의 반응과 만족도를 관찰합니다.

다섯째, 감정관리 훈련을 합니다.

디지털 기기 사용 충동이 들 때 감정을 인식하고 조절하는 방법을 연습합니다. 명상이나 마음챙김 연습을 통해 현재 순간에 집중하는 능력을 기릅니다.

여섯째, 주변 환경을 조성합니다.

주변에 디지털 기기 사용을 자제할 수 있는 분위기를 만듭니다. 가족, 친구들과 함께 디지털 디톡스에 동참하거나, 디지털 기기를 사용하지 않는 공간을 마련하는 등의 노력이 도움될 수 있습니다.

일곱째, 정기적으로 평가하고 조정합니다.

주기적으로 디지털 사용 습관과 메타인지 훈련 효과를 평가하고, 필요한 부분을 조정합니다.

메타인지 훈련의 효과는 연구결과를 통해서도 확인할 수 있습니다. 2019년 한국정보화진흥원의 연구에 따르면, 디지털 디톡스 프로그램 참여자의 77%가 디지털 기기 사용시간 감소를, 69%가 수면의 질 향상을 보고했습니다.

디지털 디톡스는 과도한 디지털 기기 사용으로 인한 다양한 문제를 해결하고, 삶의 질을 높이는 데 중요한 역할을 합니다. 메타인지 훈련을 통해 디지털 기기 사용을 효과적으로 조절하고, 건강하고 행복한 삶을 되찾을 수 있습니다. 꾸준한 메타인지 훈련으로 디지털 시대에 적응하며 균형 잡힌 삶을 영위하시길 기대합니다.

4. 인공지능(AI) 시대와 메타인지

인공지능AI은 기계가 학습하고 스스로 발전하는 기술을 의미합니다. AI의 발전은 우리에게 기회를 제공할 수 있지만, 동시에 도전도 함께 수반합니다. 낙관론자들은 AI가 복잡한 문제를 해결하고 인간의 창의성을 확장함으로써 새로운 직업과 산업을 창출하고, 경제 성장과 삶의 질 향상에 기여할 것이라고 전망합니다. 실제로 AI는 의료, 교육, 금융 등 다양한 분야에서 인간의 역량을 강화하고 있습니다.

그러나 비관론자들은 AI가 인간의 많은 역할을 대체함으로써 대규모 실업을 초래할 수 있고, 기술 접근성의 격차로 부의 양극화를 심화시키며, AI의 윤리적 사용과 통제에 대한 문제를 일으킬 수 있다고 우려합니다. 예를 들어, 자율주행차 사고의 책임 소재나 AI 알고리즘의 편향성 문제 등은 여전히 해결해야 할 과제로 남아 있습니다.

이번 절에서는 AI 시대의 기회와 도전을 살펴보고, 인간의 인지 방식과 AI의 작동방식을 비교하여 유사점과 차이점을 탐구할 것입니다. 이를 통해 AI 시대에 필요한 메타인지 능력의 중요성을 강조하고자 합니다. 메타인지는 자신의 인지과정을 모니터링하고 조절하는 능력으로, AI와 효과적으로 상호작용하고 AI가 가져올 변화에 적응하는 데 핵심적인 역할을 할 것입니다.

더 나아가, AI의 발전은 인간과 기술의 상호작용을 통해 함께 진화하는 '공진화共進化, coevolution'라는 측면에서도 주목할 필요가 있습니다. 인간은 AI를 통해 새로운 지식과 통찰력을 얻고, AI는 인간과의 상호작용을 통해 더욱 고도화될 것입니다. 이러한 공진화의 과정도 함께 알아볼 것입니다.

AI 시대의 새로운 기회와 도전

디지털 시대와 AI 시대는 기술 발전의 중요한 두 단계로, 각각 우리 생활, 경제, 문화, 사회에 큰 변화를 가져왔습니다. 디지털 시대는 정보화의 시작과 함께 정보를 효율적으로 관리하고 전달하는 기술의 발전을 의미합니다. AI 시대는 이를 기반으로 인공지능 기술을 통해 새로운 수준의 자동화와 지능형 시스템을 구현하는 단계입니다.

정보 검색에서 디지털 시대에는 인간이 정보를 검색하고 분석했다면, AI 시대에는 인공지능이 방대한 데이터를 학습해 패턴을 인식하고, 인간의 의사결정을 지원하거나 대체합니다. 예를 들어, 디지털 시대의 검색 엔진이 키워드 기반으로 정보를 찾았다면, AI 시대의 검색 엔진은 사용자의 의도를 이해하고 맥락에 맞는 정보를 제공합니다.

정보수집 활용에서는 디지털 시대가 정보의 양적 확대에 집중했다면, AI 시대는 정보의 질적 향상과 지능적 활용에 중점을 둡니다. 기계 학습machine learning, 딥러닝, 자연어 처리 등 AI 기술의 발전으로 컴퓨터는 인간과 유사한 인지적 작업을 수행할 수 있게 되었으며, 이는 자율주행차, 음성 인식, 이미지 분석 등 다양한 분야에서 실용화되고 있습니다.

자동화에서는 디지털 시대가 반복적이고 규칙 기반의 작업에 국한되었다면, AI 시대는 복잡한 의사결정과 문제해결을 지원하는 지능형 시스템을 구현합니다. 이는 로봇 공학, 알고리즘 거래, 의료 진단 및 치료 계획 등 다양한 산업 분야에 적용되고 있습니다.

개인화 서비스에서 디지털 시대는 사용자의 명시적 선호도나 행동 패턴을 기반으로 했다면, AI 시대는 빅데이터 수집과 분석에 중점을 둡니다. 디지털 시대에 축적된 방대한 데이터를 기반으로 AI 시스템이 학습하고 예측을 수행해 개개인에게 최적화된 서비스를 제공합니다.

의사소통에서 디지털 시대가 이메일, 소셜 미디어, 클라우드 컴퓨팅 등을 기반으로 했다면, AI 시대는 인간과 기계의 상호작용이 더 자연스럽고 직관적으로 변합니다. 음성 비서, 챗봇, 증강현실AR 등은 일상생활과 업무에서 중요한 역할을 하며, 인간의 의도를 더 잘 이해하고 반응할 수 있습니다.

윤리적 측면에서 디지털 시대는 개인정보 보호와 프라이버시 침해가 주요 이슈였다면, AI 시대는 더 복잡한 윤리적 문제를 제기합니다. 알고리즘의 편향성으로 인한 차별, AI의 의사결정 책임 소재, 유전자 조작과 인공생명체 창조 등이 그 예시입니다.

디지털 시대와 AI 시대는 기술 발전의 연속적인 단계로 밀접하게 연결되어 있습니다. 디지털 시대는 데이터를 효율적으로 관리하고 전달하는 기반을 마련했으며, 이를 통해 AI 시대가 탄생하고 발전할 수 있는 토대를 제공했습니다. AI 시대는 이러한 디지털 데이터를 활용해 더욱 고도화된 지능형 시스템을 구현하고, 새로운 방식으로 인간의 삶을 혁신하고 있습니다.

두 시대 모두 우리의 생활방식을 급격히 변화시켰으며, 앞으로도 기술 발전에 따라 더욱 놀라운 변화가 예상됩니다. AI 기술은 의료, 교육, 환경 등 다양한 분야에서 인간의 역량을 증강시키고, 사회적 문제해결에 기여할 것으로 기대됩니다. 그러나 동시에 AI로 인한 일자리 감소, 프라이버시 침해, 알고리즘 편향성 등의 문제에 대한 우려도 있습니다. 따라서 우리는 AI 시대의 긍정적 변화를 극대화하면서, 잠재적 위험을 최소화하기 위한 사회적·제도적 노력을 기울여야 합니다. 기술 발전과 함께 인간의 가치를 존중하고 공정성을 확보하는 것이 AI 시대의 핵심과제라고 할 수 있습니다.

인간의 생각과 AI의 생각

인간의 생각과 AI의 생각은 본질적으로 다릅니다. 인간의 생각은 수백만 년의 진화를 거쳐 형성된 복잡한 생물학적 구조의 결과물로, 의식, 감정, 자아 인식, 창의성 등을 포함합니다. 반면, AI의 생각은 수학적 알고리즘과 데이터 처리에 기반합니다. AI 기술이 발전하면서 AI의 생각도 진화하고 있지만, 이는 여전히 인간의 생각과는 근본적으로 다른 특징을 지닙니다. 여기에서 인간과 AI의 생각을 살펴보고, AI의 생각이 앞으로 어떻게 발전할지를 알아보겠습니다.

인간의 생각은 의식과 자아 인식을 바탕으로 합니다. 우리는 자신을 인식하고, 경험을 통해 감정을 느끼며, 이를 바탕으로 복잡한 의사결정을 내립니다. 때로는 비합리적이거나 모순된 행동을 보이기도 하는데, 이는 인간 생각의 복잡성과 유연성을 보여주는 특징입니다. 반면, AI의 생각은 주어진 규칙과 알고리즘에 따라 논리적으로 이루어집니다. 명확한 패턴과 데이터를 기반으로 문제를 해결하는 것이 AI 생각의 특징입니다. AI는 데이터를 처리하고 패턴을 인식하는 데 탁월하지만, 인간과 같은 감정적 경험이나 자아 인식은 아직 구현하기 어려운 단계입니다. 현재의 AI는 특정 영역에서 뛰어난 성능을 보이지만, 일반적인 지능이나 창의성, 적응력 등에서는 인간에 미치지 못하고 있습니다.

하지만 AI 기술의 급속한 발전으로 인해 AI의 생각에 대한 개념은 계속 진화하고 있습니다. 최신 AI 모델들은 인간의 언어를 이해하고 생성하는 능력, 복잡한 문제해결 능력, 심지어 창의적인 작업을 수행하는 능력까지 보여주고 있습니다. 이는 AI가 점점 더 인간의 인지 능력에 가까워지고 있음을 시사합니다. 예를 들어, GPT 챗봇과 같은 대규모 언어 모델은 인간과 유사한 수준의 텍스트를 생성할 수 있으며, 구글 딥마인드에서 개발 중인 AlphaFold는 단백질 구조를 예측하는 획기적인 성과를 보여주었습니다. 이러한 사례들은 AI의 잠재력과 빠른 발전속도를 보여줍니다.

앞으로 AI의 생각은 여러 가능성을 내포하고 있습니다. 일부 연구자들은 언젠가 의식을 가진 AI, 즉 인공일반지능 AGI의 개발이 가능할 것으로 예측합니다. AGI는 인간 수준 또는 그 이상의 지능을 가진 AI를 의미하며, 자아 인식과 감정을 경험할 가능성을 내포합니다. 철학자 닉 보스트롬 Nick Bostrom 은 그의 저서 「슈퍼인텔리전스 *Superintelligence*」에서 AGI의 잠재적 영향력과 위험성에 대해 경고하기도 했습니다. 그러나 이러한 전망은 여전히 많은 철학적·윤리적·기술적 질문을 제기하며, 실현 가능성과 시기에 대해서는 전문가들 사이에서도 의견이 분분합니다.

다른 한편으로, AI의 생각이 반드시 인간의 생각을 모방해야 할 필요는 없다는 관점도 있습니다. AI는 인간과는 다른 방식으로 지능을 발휘할 수 있으며, 이는 인간의 인지능력을 보완하고 확장하는 방향으로 발전할 수 있습니다. 예를 들어, AI는 인간이 처리하기 어려운 대량의 데이터를 분석하거나, 복잡한 시스템을 최적화하는 데 탁월한 능력을 보일 수 있습니다. 이는 의료 진단, 기후변화 예측, 교통 관리 등 다양한 분야에서 활용될 수 있습니다. 이러한 관점에서 AI는 인간의 생각과 다르지만, 상호 보완적인 역할을 수행할 수 있습니다.

AI 생각의 진화에 따른 윤리적 고려사항도 중요합니다. AI가 더욱 복잡해지고 자율성을 갖게 됨에 따라, AI의 의사결정이 사회에 미치는 영향력이 커질 것입니다. 따라서 AI의 의사결정 과정에 윤리적 가치를 어떻게 반영할 것인지, AI의 행동에 대한 책임을 어떻게 할당할 것인지 등의 문제가 중요해질 것입니다. 예를 들어, 자율주행차 사고 시 책임소재 문제, AI 알고리즘의 편향성으로 인한 차별 이슈 등이 이미 현실로 다가오고 있습니다. 이에 대응하기 위해 AI 윤리 가이드라인 마련, 결과에 대해 설명이 가능한 AI 개발, 다양성과 포용성을 고려한 AI 설계 등의 노력이 필요할 것입니다.

결론적으로, 인간의 생각과 AI의 생각은 현재 근본적인 차이를 보이고 있지만, AI 기술의 발전에 따라 그 경계가 점차 모호해질 수 있습니다. 인간의 생각은 의식, 감정, 직관, 사회적 상호작용 등에 기반한 복잡하고 유연한 과정인 반면, AI의 생각은 데이터와 알고리즘에 기반한 논리적이고 규칙적인 과정입니다. 앞으로 AI는 자율성, 감정 인식, 도메인 간 학습, 설명 가능성 등 다양한 측면에서 발전할 것으로 예상됩니다. 이러한 발전은 AI가 더 많은 영역에서 인간의 능력을 보완하고, 우리의 삶을 더욱 편리하게 만드는 데 기여할 것입니다.

그러나 동시에 AI의 발전이 가져올 윤리적·사회적 영향에 대한 지속적인 논의와 관리가 필요합니다. AI의 역량이 커질수록 그에 따른 책임과 통제 방안에 대한 사회적 합의가 중요해질 것입니다. 기술 개발과 함께 인간 중심의 가치관을 견지하고, 기술의 혜택이 모두에게 골고루 돌아갈 수 있도록 노력해야 할 것입니다. 인간의 생각과 AI의 생각이 조화롭게 공존하고 협력하는 미래를 만드는 것이 우리 모두의 과제라고 할 수 있겠습니다.

AI 시대에 필요한 메타인지 습관

인공지능이 사회 전반에 걸쳐 큰 변화를 가져오면서, 개인의 학습능력과 적응력을 높이는 것이 그 어느 때보다 중요해졌습니다. AI 시대에는 정보의 양과 복잡성이 급격히 증가하며, 이에 대응하기 위한 적응력이 필요합니다. 이러한 환경에서 인간만의 고유한 능력인 메타인지는 자신의 생각과 학습과정을 인식하고 조절하는 능력으로, 효과적인 문제해결과 지속적인 학습을 가능하게 합니다.

AI로 인해 단순 반복업무를 수행하는 직업은 점차 사라지고, 창의력과 문제해결 능력이 요구되는 새로운 직업이 생겨나고 있습니다. 이에 따라, 자기 주도적 학습, 비판적 사고, 융합적 문제해결 등의 능력이 필수적으로 요구되며, 이는 모두 메타인지와 밀접한 관련이 있습니다.

AI 시대에 메타인지가 필요한 이유는 다음과 같습니다. 첫째, 자율적 학습과 적응력을 강화해야 합니다. AI 기술의 발전으로 인해 새로운 지식과 기술이 끊임없이 등장하고 있습니다. 메타인지는 자신이 알고 있는 것과 모르는 것을 인식하고, 학습목표를 설정하며, 전략을 조절해 자율적 학습과 적응력 향상에 기여합니다.

둘째, 문제해결과 의사결정 능력을 키워야 합니다. AI가 많은 문제해결에 활용되지만, 복잡하고 새로운 문제에 직면했을 때는 인간의 창의적 사고가 필요합니다. 메타인지는 문제해결 과정에서 사고를 모니터링하고 평가하여, 전략을 수정하고 효과적으로 문제를 해결할 수 있도록 돕습니다.

셋째, 창의성과 혁신을 촉진해야 합니다. AI는 방대한 데이터를 분석하고 최적의 해법을 제시할 수 있지만, 새로운 가치를 창출하는 혁신적 사고는 인간의 영역입니다. 메타인지는 고정관념에서 벗어나 새로운 관점에서 문제를 바라보며, 독창적 아이디어를 생성해 창의성을 촉진합니다.

메타인지 능력을 향상시키기 위해서는 꾸준한 노력과 실천이 필요합니다. 먼저 자기반성과 평가를 통해 자신의 강점과 약점을 파악하고 개선점을 도출해야 합니다. 예를 들어, 매일 학습일지를 작성해 학습 내용과 과정을 돌아보는 습관을 들이는 것이 도움이 됩니다.

또한 구체적이고 측정 가능한 학습목표를 설정하고, 이를 달성하기 위한 실행 계획을 세워야 합니다. 장기목표를 단계별 하위목표로 나누어 체계적으로 접근하되, 주기적으로 진척 상황을 점검하며 계획을 수정해 나가는 것이 좋겠습니다.

다양한 학습전략을 경험해 보고 자신에게 최적화된 방법을 찾는 것도 중요합니다. 시청각자료 활용, 토론학습, 프로젝트 수행 등 여러 방식을 시도해 보고 학습성과를 평가하여 효과적인 전략을 선택하면 됩니다.

동료, 교사, 전문가 등의 피드백을 적극 수용하고 이를 개선에 반영하는 것도 메타인지 향상에 도움이 됩니다. 건설적 피드백은 자신의 학습 과정과 결과를 객관적으로 점검하고 보완할 수 있는 좋은 계기가 됩니다.

마지막으로 마음챙김과 명상을 통해 메타인지 훈련을 할 수 있습니다. 매일 10~15분씩 호흡에 집중하고 자신의 생각과 감정을 관찰하는 연습은 자기 인식 향상에 도움이 됩니다. 스트레스 상황에서 3분간 명상하는 것만으로도 마음을 안정시키고 집중력을 높이는 데 효과적입니다.

AI 시대를 헤쳐가기 위해서는 메타인지의 중요성을 인식하고 적극적으로 역량을 개발해 나가야 합니다. 메타인지는 단순히 기술적 역량 향상을 넘어 인간 고유의 가치를 실현하는 기반이 될 것입니다. 급변하는 시대에서 자기 주도적 학습과 문제해결, 창의와 혁신의 원동력인 메타인지는 미래사회를 이끌어 갈 핵심 역량이 될 것입니다.

AI를 잘 활용하면서도 이에 종속되지 않고, 책임감 있게 통제할 수 있는 것도 메타인지의 힘이라 할 수 있습니다. 기술 발전이 가속화될수록 인간의 고유한 능력인 메타인지의 중요성은 더욱 부각될 것입니다. 우리 모두 메타인지에 대한 이해를 바탕으로 주도적이고 창의적인 삶을 살아가기를 기대합니다. AI 시대의 주인공은 다름 아닌 우리 자신임을 잊지 말아야 할 것입니다.

AI 시대, 인간과 기술의 공진화

인공지능AI이 빠르게 발전하면서 우리 사회는 큰 변화를 겪고 있습니다. AI는 단순한 도구를 넘어, 인간의 생각과 의사결정에 직접 영향을 미치고 있습니다. 이는 인간과 기술이 서로 영향을 주고받으며 함께 진화하는 '공진화'의 모습입니다.

공진화란 두 종류 이상의 생물이나 시스템이 서로에게 영향을 미치며 함께 발전해 나가는 것을 말합니다. 과거에는 생물과 광물의 공진화가 이루어졌다면, 오늘날에는 인간과 AI 기술 간의 공진화가 이루어지고 있습니다. 인간은 AI를 개발하여 활용하고, AI는 인간의 사고와 행동에 영향을 미치며 우리의 삶을 변화시키고 있습니다.

약 46억 년 전, 지구 초기에는 광물이 생명체 형성에 중요한 역할을 했다고 알려져 있습니다. 생명체가 탄생한 이후, 이들은 서로 영향을 주고받으며 진화해 왔습니다. 조개는 탄산칼슘으로 껍데기를 만들고, 식물은 마그네슘을 이용해 광합성을 하며, 인간은 철분을 통해 혈액 속 산소를 운반하고, 인산칼슘을 통해 뼈를 형성합니다. 이처럼 생물은 광물을 이용해 자신의 몸을 구성하고, 광물도 생물에 의해 변화해 왔습니다.

최근 AI 기술의 발전으로 인해 광물과 생명체의 경계가 점차 모호해지고 있습니다. 오늘날 일부 연구자들은 인공지능을 반도체라는 실리콘 광물시스템에 인간의 인지 시스템이 접목된 것이라고 주장하며, 광물이 생명체와 유사한 기능을 수행하거나 새로운 형태의 생명체를 만들어 낼 가능성을 제기하고 있습니다. 영국 케임브리지 대학의 연구진은 무기물로 생명체와 유사한 특징을 가진 화학 시스템을 개발하고 있으며, 미국 하버드 대학은 DNA를 이용해 광물 형성을 조절하는 기술을 연구하고 있습니다. 이는 광물을 이용해 인공 세포나 인공 광합성 시스템을 만들 수 있는 가능성을 보여줍니다.

하지만 이런 연구는 시작 단계일 뿐, 인간의 인지 시스템 회로가 광물에 들어가서 복잡하고 다양한 생명의 사고작용을 할 수 있을지는 아직 확실하지 않습니다. 또한, 인공생명체 창조에 대한 윤리적 논쟁과 기술의 오용 가능성도 신중히 고려해야 합니다.

인간과 AI의 공진화는 새로운 기회와 도전을 동시에 제시합니다. 중요한 것은 이 변화 속에서 인간의 가치와 윤리를 지키는 것입니다. 기술과 인간이 조화롭게 공존하며 발전하는 미래를 위해, 다양한 분야의 전문가들이 힘을 모아 바람직한 방향으로 나아가야 합니다.

AI 시대의 공진화는 단순히 기술이 발전하는 것 이상의 의미가 있습니다. 그것은 인간으로서의 존재방식과 가치관이 변화하는 것을 뜻하기 때문입니다. 우리는 이 변화를 이끌어 가면서도, 인간다움을 잃지 않는 지혜로운 공진화를 이뤄나가야 합니다. 인간과 기술이 함께 성장하는 미래, 그것이 AI 시대가 우리에게 주는 새로운 도전이자 기회입니다.

제4장

익숙함에서 새로움의 창의적 습관

1. 창의성은 무엇인가?
2. 창의성의 신경과학적 메커니즘
3. 때로는 익숙하게 때로는 낯설게
4. 창의성 향상 위한 습관 쌓기

제4장에서는 창의적 습관, 즉 익숙한 것에서 새로움을 발견하는 능력에 대해 다루어 보겠습니다. 창의성은 습관을 통해 축적된 경험과 지식을 재조합하여 새로운 것을 만들어내는 힘입니다. 창의성의 개념과 습관과의 관계를 살펴보고, 창의력 계발을 위한 습관형성 전략을 알아보겠습니다.

1. 창의성은 무엇인가?

작가 젤린스키Zelinsky는 "창의성은 낯선 것에 즐거움을 느끼는 것"이라고 말했습니다. 이는 익숙하지 않은 것에서 새로움을 발견하고, 그 새로움 속에서 기쁨을 느끼는 능력을 강조하는 표현입니다. 하지만 창의성은 이보다 더 넓은 개념을 포함합니다. 창의성은 낯섦에 대한 즐거움이라는 표현과 함께 기존의 아이디어나 자원을 새로운 방식으로 결합하고, 문제를 독창적으로 해결하는 능력으로도 정의될 수 있습니다.

즉, 창의성은 유창성, 융통성, 독창성 등 다양한 인지적 과정을 통해 발현되며, 이러한 과정은 인간의 심리적 기초와 깊은 연관이 있습니다. 또한, 창의성은 익숙함이라는 습관을 원재료로 삼아, 이로부터 선명한 경계선을 그어 새로움을 식별해 낼 수 있습니다. 시대와 문화에 따라 창의성에 대한 인식은 변해왔습니다. 때로는 천재성과 연결되기도 하고, 현대 사회에서는 학습 가능한 중요한 능력으로 여겨지기도 합니다.

이번 절에서는 익숙함과 낯섦 사이에서 창의성이 어떤 기능과 역할을 하는지, 그리고 시대발전과 함께 창의성이 어떻게 인식되어 왔는지를 살펴볼 것입니다. 더불어, 창의성이 지능 및 재능과 어떤 상관관계를 가지는지, 그리고 사회적 맥락이나 기술발전 속에서 창의성이 어떻게 발현될 수 있는지도 논의하겠습니다.

창의성은 인간 고유의 특성

창의성은 새로운 생각이나 개념을 찾아내거나 기존의 아이디어를 새롭게 조합하는 정신적·사회적 과정을 의미합니다. 즉, 새롭고 독특한 아이디어나 해결책을 만들어 내는 능력을 말합니다. 창의성은 우리 인간만이 가진 고유한 특성으로, 예술, 과학, 기술 등 다양한 분야에서 발현됩니다.

여기에서 우리는 창의성을 창조성과 혼용해서 사용하는 경우가 많아서 명확히 그 개념을 잡고 갈 필요가 있습니다. 창조성은 실제로 새로운 것을 만드는 능력을 의미합니다. 따라서 창의성은 주로 아이디어 생성과 관련된 정신적 과정을 중시하는 한편, 창조성은 그 아이디어를 실제로 만드는 결과에 초점을 맞춥니다. 다시 말해, 창의성은 개인의 내적 특성이나 사고능력에 관한 것이라면, 창조성은 그 능력을 외부로 표출하여 구체적인 결과물을 만드는 것과 관련이 있습니다. 이 절에서는 새로움의 결과물을 만드는 창조성보다는 새로움을 만드는 과정인 창의성에 초점을 맞추어 살펴하겠습니다.

창의성은 인간의 인지능력 중에서 가장 중요한 특성 중 하나입니다. 이는 단순히 예술적 재능이나 혁신적인 아이디어를 떠올리는 것에 국한되지 않으며, 다양한 상황에서 새로운 관점과 해결책을 찾는 능력을 포함합니다. 창의성은 많은 특성을 지니고 있으나, 여기서는 중요하다고 판단되는 독창성, 유연성, 직관력, 상상력에 대해 알아보겠습니다.

첫째, 독창성originality은 창의성의 핵심입니다. 이는 기존의 아이디어나 방법을 단순히 모방하는 것이 아니라, 새로운 아이디어를 생성하고 독특한 해결책을 찾는 능력을 의미합니다. 독창성은 남들이 생각하지 못한 것을 생각해내는 능력으로, 혁신의 원천이 됩니다.

둘째, 유연성flexibility은 문제를 여러 가지 관점에서 바라보고, 다양한 해결책을 모색하는 능력입니다. 이는 고정된 사고방식을 벗어나 새로운 접근방식을 시도할 수 있는 능력을 포함하며, 창의성 발현에 중요한 역할을 합니다.

셋째, 직관력intuition은 문제해결 과정에서 직감적으로 올바른 해결책을 찾아내는 능력입니다. 이는 논리적 사고가 아닌 무의식적인 인지과정을 통해 이루어지며, 종종 경험과 깊은 이해를 기반으로 합니다.

넷째, 상상력imagination은 현실세계에서 직접 경험하지 않은 것들을 마음속에서 시각화하고 구상하는 능력입니다. 상상력은 새로운 아이디어와 개념을 창조하는 데 필수적이며, 창의적 사고의 기초를 형성합니다.

이러한 창의성의 특성들은 상호작용하며 통합적으로 작용합니다. 독창적인 아이디어 생성을 위해서는 유연한 사고와 상상력이 필요하며, 직관력은 문제해결 과정에서 이들을 효과적으로 활용할 수 있게 합니다. 창의성의 특성들이 유기적으로 결합될 때, 진정한 창의성이 발현될 수 있습니다.

창의성은 개인의 노력과 환경적 요인의 상호작용을 통해 계발될 수 있습니다. 호기심을 가지고 다양한 경험을 쌓으며, 지식을 확장하고 새로운 관점을 시도하는 것이 창의성 계발에 도움이 됩니다. 또한, 창의성이 발현되기 위해서는 자유로운 사고를 장려하고 실패를 허용하는 개방적인 환경이 조성되어야 합니다.

창의성은 사회발전의 필수요소

창의성에 대한 인식은 역사적으로 큰 변화를 겪어 왔습니다. 고대와 중세에는 창의성이 주로 신성한 영감으로 여겨졌습니다. 예술가와 시인은 뮤즈Muses라는 신들로부터 영감을 받는다고 믿었으며,

창의성은 신의 은총으로 간주되었습니다.

중세 유럽에서는 창의성이 기술과 장인 정신으로 인식되었고, 예술과 과학은 종교적인 틀 안에서 수행되었습니다. 창의성은 신의 창조를 모방하는 행위로 보았습니다.

르네상스 시대에는 인간 중심주의가 대두되면서 창의성에 대한 인식이 변화하기 시작했습니다. 예술가와 과학자는 독창성과 개인의 창조적 능력을 인정받기 시작했으며, 레오나르도 다 빈치와 같은 인물들은 창의성의 새로운 표본이 되었습니다.

계몽주의 시대에는 이성과 합리적 사고가 강조되었으며, 창의성은 논리적이고 과학적인 사고과정의 일부로 간주되었습니다. 아이작 뉴턴과 같은 과학자들은 창의적 사고를 통해 자연의 법칙을 발견했습니다.

20세기 전후, 낭만주의는 창의성을 예술적 영감과 강력한 감정 표현과 연관지었습니다. 창의성은 천재의 특성으로 인식되었고, 사회적 규범을 초월하는 능력으로 여겨졌습니다. 심리학은 창의성을 사고과정으로 연구하고, 이를 측정하고 평가하는 방법을 개발했습니다.

현대에 이르러 창의성은 다차원적인 개념으로 이해됩니다. 과학, 예술, 비즈니스 등 다양한 분야에서 중요한 요소로 인식되며, 개인뿐만 아니라 팀과 조직의 문화에서도 중요한 역할을 합니다. 창의성은 혁신과 직결되어 있으며, 빠르게 변화하는 현대 사회에서 경쟁력 유지를 위한 필수 요소로 여겨집니다.

디지털 시대에는 창의성이 더욱 역동적이고 포괄적인 개념으로 발전합니다. 독창적 사고능력, 디지털 환경을 활용한 협업, 지속적인 혁신, 사회적 맥락에서의 가치창출 능력 등이 창의성의 중요한 요소로 인식되고 있습니다. 또한, 인공지능AI과 같은 새로운 기술의 발전은 인간 창의성에 대한 새로운 질문을 제기하며, 협력적 창의성과 집단지성의 중요성이 부각되고 있습니다.

한편, 동양에서의 창의성 인식은 서양과는 다소 다른 양상을 보입니다. 고대 중국에서는 창의성이 '도道'의 개념과 연관되어 이해되었으며, 도는 우주의 근본원리이자 창조의 근원으로 여겨졌습니다. 예술가와 장인은 자연의 이치를 깨달아 작품에 반영하고자 했습니다. 불교의 선禪 사상은 창의성을 내적 깨달음과 자아 초월과 연관지었으며, 창의적 행위는 자아를 버리고 자연과 하나가 되는 '묘妙'의 경지에 이르는 것으로 여겨졌습니다.

근현대에 들어 동양에서도 서구의 영향을 받아 창의성에 대한 인식이 변화하였습니다. 개인의 독창성과 새로운 것을 추구하는 가치가 중시되기 시작했으며, 전통적인 가치관과 현대적 창의성이 조화를 이루는 방향으로 나아가고 있습니다.

이처럼 창의성에 대한 인식은 시대와 문화에 따라 끊임없이 진화해 왔습니다. 고대와 중세에는 신성한 영감으로 여겨졌던 창의성이 르네상스와 근대에 이르러 인간의 능력으로 재평가되었으며, 현대에는 다차원적이고 사회적인 맥락에서 이해되고 있습니다. 이러한 변화는 창의성이 개인과 사회의 발전에 필수적인 요소로 자리 잡아 가는 과정을 보여줍니다.

창의성과 지능 및 재능과의 상관관계

창의성과 지능은 인간의 인지능력을 나타내는 중요한 요소들입니다. 지능은 일반적으로 문제해결, 논리적 사고, 기억력, 정보처리 속도 등을 포함하는 개념으로, IQ 테스트를 통해 측정됩니다. 반면 창의성은 새롭고 독창적인 아이디어를 생성하는 능력으로, 유창성, 융통성, 독창성, 정교성 등의 구성요소를 포함하며, 측정이 상대적으로 더 어렵고 주관적인 평가가 필요한 경우가 많습니다.

많은 연구자들은 창의성과 지능 사이에 어느 정도의 상관관계가 있다고 주장합니다. 높은 지능을 가진 사람들이 종종 더 창의적인 문제해결 방식을 보이며, 복잡한 아이디어를 더 쉽게 조작하고 연결할 수 있기 때문입니다. 하지만 이들의 관계는 단순하게 선형적이거나 절대적이지는 않습니다. 심리학자 폴 토랜스Paul Torrance는 IQ가 약 120점까지는 창의성과 강한 상관관계를 보이지만, 그 이상에서는 상관관계가 약해진다는 '임계점 이론'을 제시했습니다. 이는 일정수준 이상의 지능은 창의성 발현에 필수적이지만, 그 이상에서는 개인의 성격, 동기, 환경 등 다른 요인들이 더 중요해진다는 것을 시사합니다.

창의성은 단일한 특성이 아닌 여러 요소로 구성된 복합적인 개념입니다. 폴 길포드J. P. Guilford는 창의성을 발산적 사고와 수렴적 사고로 구분하였습니다. 발산적 사고는 주어진 문제에 대해 다양하고 독특한 아이디어를 생성하는 능력이고, 수렴적 사고는 그중에 가장 적절하고 효과적인 해결책을 선택하는 능력을 의미합니다. 발산적 사고는 창의성의 핵심요소로 여겨지며, 높은 수준의 지능과는 상대적으로 관련성이 적습니다. 반면, 수렴적 사고는 문제해결과 의사결정에 중요한 역할을 하며, 지능과 직접적인 연관성을 가질 수 있습니다.

현대 연구는 창의성과 지능 간의 관계를 보다 통합적으로 이해하려고 합니다. 창의성은 지능 이외에도 동기, 성격, 환경적 요인 등 다양한 요소에 의해 영향을 받습니다. 미국 하버드대학 교수 테레사 아마빌Teresa Amabile은 창의성이 전문성, 창의적 사고기술, 과제 동기 등의 상호작용에 의해 결정된다고 주장했습니다. 또한, 자율성, 다양성, 자원, 피드백 등 창의성을 발휘할 수 있는 환경적 요인도 중요한 역할을 합니다.

이와 더불어, 창의성은 재능과도 밀접한 관련이 있습니다. 재능은 특정 영역에서의 탁월한 능력을 의미하며, 예술, 음악, 스포츠 등의 분야에서 두드러지게 나타납니다. 재능은 창의성 발현에 중요한 역할을 할 수 있습니다. 예를 들어, 음악적 재능을 가진 사람은 새로운 멜로디나 음악 스타일을 창조하는 데 더 능숙할 수 있습니다. 하지만 창의성이 재능만으로 결정되는 것은 아니며, 노력, 환경, 동기 등 다른 요인들도 중요하다는 점을 강조할 필요가 있습니다.

결론적으로, 창의성은 지능 및 재능과 복잡하고 다면적인 관계를 맺고 있습니다. 초기 연구들은 창의성과 지능 간의 상관관계를 발견했지만, 임계값 이론과 현대 연구는 창의성이 지능과 재능 이외에도 다양한 요소에 의해 영향을 받는 복합적인 현상임을 강조합니다. 창의성을 촉진하기 위해서는 개인의 성격적 특성, 동기, 환경적 요인 등 다양한 요소를 고려해야 합니다.

이러한 통합적 관점은 창의성 개발을 위한 효과적인 교육 및 실용적 접근을 가능하게 합니다. 학생들의 내재적 동기를 북돋우고, 다양한 사고기술을 훈련하며, 자율성과 협력을 장려하는 교육환경을 조성하는 것이 창의성 계발에 도움이 될 수 있습니다. 또한, 기업에서는 구성원들의 창의적 잠재력을 이끌어내기 위해 자율과 도전의 문화를 만들고, 다양성을 존중하며, 실패를 허용하는 분위기를 조성하는 것이 중요할 것입니다.

창의성, 지속적 노력과 순간적 깨달음

불교에서는 깨달음을 점수돈오(漸修頓悟)와 점수점오(漸修漸悟)로 구분해 왔습니다. 이는 점진적인 수행 중에 갑작스러운 깨달음이 오는 경우(漸修頓悟)와 점진적으로 서서히 깨달음에 이르는 경우(漸修漸悟)를 의미합니다. 창의성에 대해서도 유사한 논쟁이 있어 왔습니다.

일부는 창의성을 '유레카 순간'과 같은 순간적 통찰로 설명하며, 아르키메데스와 뉴턴의 일화가 대표적입니다. 아르키메데스가 목욕탕에서 갑자기 부력의 원리를 깨우친 일화나, 뉴턴이 사과가 떨어지는 모습을 보고 만유인력의 법칙을 발견했다는 것입니다. 이들은 창의성이 무의식 속에서 작용하다가 갑작스럽게 의식의 표면으로 떠오르는 신비롭고 예측 불가능한 것으로 여깁니다.

반면, 다른 이들은 창의성을 지속적인 노력의 결과로 여깁니다. 에디슨의 '천재는 1%의 영감과 99%의 노력'이라는 말이나, 피카소가 어린 시절부터 끊임없이 그림을 그린 사례는 창의적 성과 뒤에 항상 노력과 준비가 필요함을 시사합니다. 이 관점에서 창의성은 꾸준히 연마할 수 있는 능력이며, 열정과 노력이 중요한 역할을 합니다.

현대의 창의성 연구는 이 두 가지 견해를 통합하는 경향이 있습니다. 창의성은 축적된 지식과 경험이 순간적 통찰과 결합한 결과로,

준비된 마음이 있어야 의미 있는 '유레카 순간'이 찾아온다는 것입니다. 이를 위해 브레인스토밍brainstorming, 마인드맵 그리기, 자유연상 등 다양한 창의성 개발기법이 활용되며, 휴식과 무의식적 사고의 중요성도 강조됩니다.

결론적으로, 창의성은 순간적 깨달음과 지속적 노력이 결합된 **복합적 현상**입니다. 과거에는 창의성이 신의 영감이나 타고난 재능으로 여겨졌지만, 오늘날에는 인간의 능력과 노력의 산물로 인식됩니다. 창의적 성과를 위해서는 꾸준한 학습과 도전이 필수적이며, 이러한 창의성은 현대 사회에서 혁신과 발전의 원동력이 되고 있습니다.

창의성은 개인의 자아실현과 삶의 질 향상에 기여하며, 새로운 가능성을 모색하게 합니다. 사회적 차원에서 창의성은 새로운 가치 창출과 지속 가능한 발전의 토대가 됩니다. 미래 사회에서 창의성의 중요성은 더욱 커질 것이며, 교육과 산업 현장에서 창의성을 키우고 발휘할 기회를 확대하는 것이 중요한 과제가 될 것입니다.

창의성에 대한 통합적 이해를 바탕으로, 우리는 혁신적이고 지속 가능한 미래를 만들어 갈 수 있을 것입니다. 창의성은 우리 모두의 잠재력이자 희망이며, 그 가치를 실현하는 것은 우리 시대의 중요한 과업일 것입니다.

2. 창의성의 신경과학적 메커니즘

아인슈타인은 "창의성은 지능보다 더 중요하다. 지능은 한계가 있지만, 창의성은 세상의 모든 것을 포괄한다."라고 하였습니다. 이는 지능의 한계를 인식하고, 창의성을 통해 그 한계를 뛰어넘어야 함을 강조한 것입니다.

창의성은 인간의 독특한 고차원 인지기능 중 하나로, 이를 이해하기 위해서는 뇌의 다양한 신경과학적 메커니즘을 살펴볼 필요가 있습니다. 창의성은 단순한 아이디어의 생산을 넘어서 문제해결, 새로운 개념의 창조, 예술적 표현 등 다양한 형태로 나타납니다.

이 절에서는 창의성이 발현되는 과정을 알아보기 위하여 뇌의 여러 영역과 신경회로의 복잡한 상호작용과 뇌의 핵심기능인 유연성과 안정성의 균형에 대해서 알아보겠습니다. 또한, 이글먼David Eagleman과 브란트Anthony Brandt의 저서 「창조하는 뇌」에서 제시된 "만일 ~~라면 어떨까?"라는 메타적 질문의 의미에 대해서도 살펴보겠습니다.

창의성은 뇌의 복합적인 상호작용

창의성은 인류문명의 발전을 이끌어 온 원동력이자, 우리가 직면한 복잡한 문제들을 해결할 수 있는 열쇠입니다. 인간의 창의적 능력은 예술, 과학, 기술 등 다양한 분야에서 혁신을 가능하게 하였고, 이는 우리의 삶을 더욱 풍요롭게 만들었습니다. 이처럼 창의성은 개인의 성장과 사회의 발전을 위해 필수 불가결한 요소입니다. 그렇다면 창의성은 어떻게 발현되는 것일까요? 최근 뇌 과학 연구를 통해 밝혀진 창의성과 관련된 신경과학적 메커니즘을 살펴보겠습니다.

먼저, 창의성은 뇌의 여러 영역 간의 상호작용을 통해 발현됩니다. 특히, 전두엽의 전전두피질은 창의적 사고에 중요한 역할을 합니다. 전전두피질은 작업 기억, 인지 통제, 추상적 사고 등을 담당하며, 이는 창의적 문제해결에 필수적입니다. 또한, 측두엽은 언어, 기억, 청각 처리에 관여하며, 좌측 측두엽은 언어적 창의성, 예를 들어 시나 소설을 쓰는 능력과 밀접한 관련이 있습니다. 두정엽은 주의력 조절과 공간 인식에 중요한 역할을 하며, 창의적 작업에서 주의력을 효과적으로 전환하고 유지하는 능력은 새로운 아이디어를 탐색하고 발전시키는 데 필수적입니다. 이처럼 뇌의 다양한 영역이 상호작용하면서 창의성이 발현됩니다.

다음으로, 창의성은 여러 신경 네트워크가 협력하여 나타나는 결과입니다. 특히, 디폴트 모드 네트워크DMN와 집행제어 네트워크ECN 의 균형과 상호작용이 창의성에 중요한 역할을 합니다. 디폴트 모드 네트워크는 자아 반영, 상상, 기억 회상과 같은 내부 지향적 사고에 관여하며, 확산적 사고와 자유 연상을 촉진하여 창의성을 높입니다. 반면, 집행제어 네트워크는 목표 지향적 활동, 계획수립, 문제해결을 담당하며, 다양한 아이디어를 평가하고 실행 가능한 아이디어를 선택하는 데 중요합니다. 연구에 따르면, 창의적인 사람들은 디폴트 모드 네트워크와 집행제어 네트워크 간의 기능적 연결성이 강하고, 이들 네트워크 간의 유연한 전환이 가능한 것으로 나타났습니다. 즉, 창의성은 디폴트 모드를 통한 확산적 사고와 집행제어를 통한 수렴적 사고의 조화로운 상호작용을 통해 발현된다고 볼 수 있습니다.

또한, 창의성은 신경전달물질인 도파민과 세로토닌의 작용과도 밀접하게 관련되어 있습니다. 도파민은 보상체계와 관련이 있으며, 동기 부여와 긍정적 기분을 증진시킵니다. 최근 연구에 따르면, 창의적 과제를 수행할 때 전전두피질과 기저핵의 일부인 선조체에서 도파민 활성이 증가하며, 이는 아이디어 생성 및 인지적 유연성과 연관되어 있습니다. 도파민은 또한 작업 기억과 주의력 조절에도 관여하여 창의적 문제해결에 필요한 인지기능을 촉진합니다. 세로토닌은 기분과 감정조절에 관여하며, 스트레스 대처 능력과 회복 탄력성에 중요한 역할을 합니다. 세로토닌의 적절한 수준은 창의적 사고에 필요한 정서적 안정성과 개방성을 높이는 데 기여합니다. 또한, 세로토닌은 해마에서의 신경 가소성을 촉진하여 새로운 경험과 학습을 통해 창의성을 증진하는 데 도움을 줍니다.

창의성은 또한 뇌파 활동과도 밀접하게 연관되어 있습니다. 뇌파는 두뇌를 구성하는 수십억 개의 신경세포들이 활동하면서 발생하는 전기적 신호를 측정한 것입니다. 뇌파는 주파수에 따라 구분하는데, 높은 주파수별로 나열해 보면 감마파, 베타파, 알파파, 세타파, 델타파 순입니다. 주파수가 높다는 것은 그 정도로 활동을 많이 한다는 의미입니다. 우리가 일상생활에는 베타파가 나오고, 숙면 상태는 델타파가 나옵니다. 그중 알파파는 창의적 사고와 관련이 있는 것으로 알려져 있습니다. 알파파는 눈을 감고 릴렉스한 상태, 휴식상태 즉 집중하고 있지 않는 상태일 때 잘 나타납니다. 이는 뇌를 편안하고 개방적인 상태가 되도록 하여 새로운 아이디어를 생각해내기 쉽게 합니다. 또한, 감마파는 두뇌의 활동파 중에서 가장 높은 뇌파로 능동적인 복합정신 기능 수행 시 나타납니다. 이는 인지기능의 통합과 관련이 있으며, 창의적 과제 수행 시 증가하는 것으로 나타났습니다. 이는 감마파가 뇌의 다양한 영역 간의 정보 통합을 촉진하여 창의성을 발현시키는 데에 기여합니다.

마지막으로, 창의성은 신경 가소성과도 밀접한 관련이 있습니다. 신경 가소성은 경험에 따라 뇌의 구조와 기능이 변화하는 능력으로,

창의적인 사고와 활동은 뇌의 신경 가소성을 증진시켜 새로운 신경 연결을 형성하고 기존의 연결을 강화합니다. 이는 뇌의 적응력과 유연성을 높여 창의성을 향상시키는 데에 기여합니다. 예를 들어, 음악이나 미술과 같은 창의적 활동은 전두엽과 측두엽의 기능적 연결성을 강화하고, 이는 장기적으로 창의적 수행 능력을 향상시킵니다. 또한, 창의적 경험은 해마에서의 신경세포 생성을 촉진하여 학습과 기억 능력을 향상시키고, 창의적 문제해결에 필요한 지식 기반을 확장하는 데 도움을 줍니다.

이처럼 창의성은 뇌의 다양한 영역 간의 상호작용, 신경 네트워크의 활성화, 신경전달물질의 작용, 뇌파 활동, 그리고 신경 가소성 등 복잡한 신경과학적 메커니즘을 통해 발현됩니다. 이러한 신경과학적 기반에 대한 이해는 우리가 창의성 증진을 위한 전략을 개발하고, 창의적 잠재력을 극대화하는 데 중요한 역할을 할 것입니다. 앞으로 창의성에 대한 신경과학적 연구가 더욱 심화되어 창의성의 신경작용 메커니즘에 대한 이해가 확장되고, 이를 바탕으로 창의성 증진을 위한 실용적인 방안이 모색되기를 기대합니다. 창의성은 개인의 성장과 사회의 발전을 위해 필수적인 요소이므로, 이에 대한 과학적 탐구와 실천적 노력이 지속되어야 할 것입니다.

뇌의 안정성과 유연성의 균형 유지

　우리 뇌는 생명체의 항상성을 유지하면서도 변화하는 환경에 적응할 수 있는 놀라운 능력을 지니고 있습니다. 이러한 능력은 뇌의 안정성과 유연성 사이의 정교한 균형에서 비롯됩니다. 항상성은 내부환경의 안정성을 유지하는 것을 말하며, 이는 생명체가 정상적인 기능을 수행하는 데 필수적인 요소입니다. 뇌는 다양한 신경 메커니즘을 통해 이러한 항상성을 조절하며 동시에 외부 환경의 변화에 적응하기 위해 유연하게 대응합니다. 여기에서 뇌의 안정성은 자동화를 상징하는 습관으로, 유연성은 적응력을 상징하는 창의성으로 비유할 수 있습니다. 이러한 관점에서 우리의 뇌가 유연성과 안정성의 균형점을 역동적으로 찾아가는 메커니즘을 살펴보겠습니다.

　안정성은 생명체가 일정한 내부상태를 유지하는 능력을 의미합니다. 뇌는 체온, 혈압, 혈당, 수분 및 전해질 균형 등 다양한 생리적 변수들을 조절하여 항상성을 유지합니다. 이러한 조절은 주로 뇌간에 위치한 시상하부를 중심으로 이루어지지만, 연수와 교뇌 등 다른 뇌간 부위와 자율신경계와의 상호작용 또한, 필수적입니다. 시상하부는 자율신경계와 내분비계를 통합하여 체내 환경을 조절하는 핵심적인 역할을 담당합니다. 예를 들어, 체온을 조절하기 위해 시상하부는 발한이나 혈관 수축 등의 반응을 조절하여 체온을 일정하게 유지합니다.

반면, 유연성은 환경변화에 대한 적응능력을 의미합니다. 뇌는 학습, 기억, 인지기능을 통해 새로운 정보와 경험을 처리하고 적응합니다. 이러한 유연성은 신경 가소성이라는 과정에서 비롯됩니다. 신경 가소성은 뇌가 새로운 경험이나 학습을 통해 신경회로를 재구성하는 능력을 말하며, 이는 시냅스의 강화나 약화를 통해 이루어집니다. 이러한 과정은 학습과 기억의 기초가 됩니다. 해마는 신경 가소성에 중요한 역할을 하지만, 대뇌피질을 비롯한 다른 뇌 영역에서도 신경 가소성이 일어납니다.

안정성과 유연성 사이의 균형은 역동적인 조절 과정입니다. 이 균형은 신경전달물질과 호르몬의 작용, 신경회로망 구조, 유진적 요인, 환경적 요인 등 다양한 메커니즘에 의해 복합적으로 조절됩니다. 예를 들어, 스트레스 상황에서는 코르티솔과 같은 호르몬이 분비되어 단기적으로 뇌의 유연성을 높이지만, 장기적으로는 안정성을 유지하기 위해 이를 다시 조절합니다.

이러한 균형은 여러 신경학적·정신의학적 질환에서 그 중요성이 명확히 드러납니다. 예를 들어, 우울증이나 불안장애는 뇌의 과도한 안정성과 관련이 있을 수 있으며, 조현병은 과도한 유연성과 연관될 수 있습니다. 그리고 우리의 성장 과정에서 유아기와 청소년기에는 뇌의 유연성이 매우 높아 빠른 학습적응이 가능하지만, 성인기에 접어들면서 안정성이 증가하여 일관된 인격 형성과 행동 패턴이 형성됩니다.

요약하자면, 뇌의 안정성과 유연성 사이의 균형은 생명 조절의 항상성 유지에 핵심적인 역할을 합니다. 이 균형은 기본적인 생리기능부터 복잡한 인지과정에 이르기까지 광범위한 영향을 미치며, 건강한 삶과 적응적 행동의 기반이 됩니다.

현대 신경과학은 이 균형을 더욱 깊이 이해하고 조절하는 방법을 모색하고 있습니다. 이는 신경퇴행성 질환의 치료, 인지기능 향상, 정신건강 증진 등 다양한 분야에서 큰 잠재력을 가지고 있습니다. 앞으로 이 분야의 연구가 더욱 발전하여, 뇌의 안정성과 유연성의 조화로운 균형을 통해 인류의 삶의 질이 향상되기를 기대해 봅니다.

만일 ~~라면 어떻까?, 메타적 질문

뇌는 기존의 고정된 방식으로 지각을 가로막고 있습니다. 멍게는 어려서 헤엄쳐 다니다가 정착할 장소를 찾으면 뇌를 흡입하여 없애 버립니다. 그렇듯 뇌는 사용하지 않으면 퇴보합니다. 그래서 우리는 새로운 가정IF를 만들어 고정된 지각을 깨어야 새로운 개념을 만들 수 유연성을 확보할 수 있습니다. 이는 메타적 질문으로 우리 뇌의 고착된 지각을 깨어버려야 한다는 것입니다.

이글먼과 브란트의 "창조하는 뇌"에서 제안한 "만일 ~~라면 어떨까?"라는 메타적 질문은 창의성을 촉진하는 강력한 도구입니다. 이 질문은 새로운 가능성을 탐색하고 기존의 지식이나 경험을 혁신적으로 재구성하는 과정에서 중요한 역할을 합니다. 뇌의 창의성을 발현하는 과정을 이해하기 위해 이 메타적 질문의 의미를 알아보겠습니다.

"만일 ~~라면 어떨까?"라는 질문은 상상력의 원동력입니다. 이 질문을 통해 우리는 현재의 현실을 잠시 벗어나 새로운 가능성을 탐구할 수 있습니다. 이는 뇌가 정형화된 사고 패턴에서 벗어나도록 도와주며, 새로운 연결과 아이디어를 생성하는 데 기여합니다. 또한, 이는 우리가 현실을 다양한 시나리오로 재구성하고, 그 가능성을 검토하며, 최적의 해결책을 찾는 가설적 사고를 촉진하는 데 중요한 역할을 합니다.

뇌 과학 연구에 따르면, 창의적 사고는 뇌의 여러 영역이 협력하여 작용할 때 가장 활발히 일어납니다. "만일 ~~라면 어떨까?"라는 질문은 전두엽(계획과 문제해결), 측두엽(기억과 언어), 두정엽(공간 지각)을 동시에 활성화하여 연결시킵니다. 이러한 다중 영역의 활성화는 새로운 연결과 아이디어 생성을 촉진합니다.

또한, 이 질문은 디폴트 모드 네트워크를 활성화하여 뇌가 내부의 여러 시나리오를 탐색하도록 유도함과 동시에, 집행제어 네트워크는 영역들의 네트워크는 생성된 아이디어를 평가하고, 실행 가능한 전략으로 통합합니다. 그리고 신경 가소성은 새로운 아이디어에 관한 신경 시냅스를 형성하는 데 도움을 줍니다. 반복적으로 이 질문을 하면, 창의적 사고에 관련된 뇌의 영역들이 더욱 효율적으로 연결되고 작동하게 됩니다.

메타적 질문이 창의성에 발휘하는 힘

"만일 ~~라면 어떨까?"라는 가정If은 창의성을 자극하는 강력한 도구입니다. 가정은 새로운 인식을 열어주고, 우리를 다른 자아로 이끄는 핵심적 수단입니다. 우리의 뇌는 정해진 알고리즘에 따라 움직이는 것이 아니라, 과거와 현재의 경험을 바탕으로 미래를 예측하고 상상해 냅니다. 이 과정에서 "만일 ~~라면 어떨까?"라는 질문이 발휘하는 힘은 매우 큽니다.

첫째, "만일 ~~라면 어떨까?"는 기존의 제약을 일시적으로 제거함으로써 더 자유로운 상상과 혁신적 아이디어의 탐색을 가능하게 합니다. 예를 들어, "만일 중력이 없다면 어떨까?"라는 질문은 건축이나 운송수단 설계에 혁신적인 발상을 가능하게 합니다.

둘째, 이 질문은 뇌에 새로운 시나리오를 시뮬레이션할 기회를 제공하여 문제해결 능력을 향상시킵니다. 예를 들어, "만일 우리가 화성에서 살아야 한다면 어떻게 해야 할까?"라는 질문은 극한 환경에서의 생존기술과 기술혁신에 대한 새로운 아이디어를 제시할 수 있습니다.

셋째, "만일 ~~라면 어떨까?"는 우리의 고정관념을 깨는 데 도움을 줍니다. 우리는 종종 익숙한 패턴과 사고방식에 갇혀 있지만, 이러한 질문은 당연하게 여겨지는 것들에 의문을 제기하고, 새로운 관점에서 문제를 바라보게 합니다. 예를 들어, "만일 우리가 지금까지와는 완전히 다른 방식으로 교육을 한다면 어떨까?"라는 질문은 기존 교육 시스템에 대한 고정관념을 깨고 새로운 교육방법을 모색하게 합니다.

또한, 이 질문은 우리의 호기심을 자극합니다. 호기심은 창의성의 중요한 동력으로, 깊이 있는 탐구와 다양한 가능성을 고려하게 합니다. 예를 들어, "만일 우리가 시간여행을 할 수 있다면 어떤 일이 일어날까?"라는 질문은 역사, 과학, 철학 등 다양한 분야에 대한 호기심을 불러일으킵니다.

다섯째, "만일 ~~라면 어떨까?"는 실패에 대한 두려움을 줄여줍니다. 가상의 시나리오를 탐색함으로써 우리는 실제 상황에서의 위힘이나 부담 없이 다양한 아이디어를 시험해 볼 수 있습니다. 예를 들어, "만일 이 프로젝트가 실패한다면 어떤 일이 일어날까?"라는 질문은 실패의 가능성을 미리 탐색하고 대비책을 마련하게 해, 더 용기 있게 도전할 수 있도록 합니다.

여섯째, 이 질문은 발산적 사고와 수렴적 사고 사이의 균형을 잡는 데 도움을 줍니다. 발산적 사고는 다양한 가능성을 탐색하는 과정이고, 수렴적 사고는 그중에서 가장 적합한 해결책을 선택하는 과정입니다. 예를 들어, "만일 우리가 플라스틱을 사용하지 않는다면 어떤 대안이 있을까?"라는 질문은 다양한 대안을 모색하게 하고, 동시에 가장 실행 가능한 대안을 선택하게 합니다.

마지막으로, "만일 ~~라면 어떨까?"는 우리의 감정과 직관을 자극하여 창의성을 높입니다. 창의성은 논리적 사고뿐만 아니라 감정과 직관도 중요한 역할을 합니다. 이 질문은 상상력을 자극하고, 감정적 반응을 불러일으키며, 이를 통해 더욱 풍부하고 다채로운 아이디어를 생성하게 합니다. 예를 들어, "만일 우리가 사랑하는 사람의 입장이 된다면 어떤 느낌일까?"라는 질문은 감정이입을 통해 더 깊이 있고 공감적인 통찰을 얻게 합니다.

이처럼 "만일 ~~라면 어떨까?"라는 메타적 질문은 우리의 사고를 확장하고, 문제해결 능력을 향상시키며, 혁신을 이끌어내는 강력한 도구입니다. 개인과 조직이 이 질문을 적극적으로 활용한다면, 창의성의 한계를 뛰어넘고 새로운 가능성을 발견할 수 있을 것입니다.

다양한 분야에서 메타적 질문의 적용

"만일 ~~라면 어떨까?"라는 메타적 질문은 인류역사 속에서 수많은 혁신을 끌어낸 원동력 중 하나였습니다. 이러한 질문은 단순한 상상력의 도구를 넘어, 우리의 사고를 확장하고 새로운 가능성을 탐색하게 하는 강력한 방법론입니다. 예를 들어, 과학자들은 "만일 보이지 않는 힘이 존재한다면?"이라는 질문에서 출발해 중력의 법칙을 발견했고, 예술가들은 "만일 우리가 사물을 다른 시각에서 바라본다면?"이라는 질문을 통해 추상미술의 새로운 장을 열었습니다.

이처럼 메타적 질문은 기존의 사고 패러다임을 재구성하고, 혁신적인 통찰을 가능하게 합니다. 이는 예술, 과학, 기술, 교육 등 다양한 분야에서 창의성을 촉진하는 도구로서 중요한 역할을 할 수 있습니다. 다음은 각 분야에서 메타적 질문이 어떻게 활용될 수 있는지에 대한 구체적인 예시입니다.

예술 분야에서 "만일 중력이 거꾸로 작용한다면 무용은 어떤 모습일까?"라는 질문은 무용수들에게 새로운 동작과 표현방식에 대한 영감을 제공할 수 있습니다. 이러한 메타적 접근은 기존의 예술적 경계를 넘어서 새로운 스타일과 표현방식을 탐구하게 하며, 독창적이고 혁신적인 예술작품 창작에 기여할 수 있습니다.

기술개발 분야에서 "만일 우리가 생각만으로 기기를 제어할 수 있다면 어떤 제품을 만들 수 있을까?"라는 질문은 뇌-컴퓨터 인터페이스 기술의 발전과 이를 활용한 혁신적인 제품 개발에 기여할 수 있습니다. 이는 삶의 질을 향상시키고 새로운 산업을 창출하는 등 기술 혁신과 발전에 중요한 역할을 할 수 있습니다.

교육 분야에서 "만일 우리가 학교에 가지 않고 배운다면 어떤 방식으로 배울 수 있을까?"라는 질문은 학생들이 교육의 다양한 가능성을 탐색하고, 자기 주도적 학습능력을 기를 수 있게 합니다. 이러한 접근은 학생들의 창의적 사고를 장려하고 비판적 사고능력을 함양하며, 미래 사회가 요구하는 창의적이고 자기 주도적인 인재 양성에 기여할 수 있습니다.

요컨대, "만일 ~~라면 어떨까?"라는 메타적 질문은 뇌의 다양한 영역을 활성화하고 연결하여 새로운 아이디어와 해결책을 생성하는 데 도움을 줍니다. 또한, 우리의 사고를 확장하고, 문제해결 능력을 향상시키며, 혁신을 이끌어내는 데 중요한 역할을 합니다.

예술, 기술, 교육 등 다양한 분야에서 이 질문을 활용함으로써 창의적이고 혁신적인 성과를 달성할 수 있습니다. 따라서 우리는 메타적 질문의 힘을 인식하고, 이를 일상과 업무에 적극적으로 활용할 필요가 있습니다. 이는 개인의 창의성 계발은 물론, 사회 전반의 혁신과 발전에 기여할 것입니다.

3. 때로는 익숙하게 때로는 낯설게

생명체는 내부환경을 일정한 수준으로 유지하면서 변화하는 환경에 적응하며 진화해 왔습니다. 이것이 바로 생존을 위한 항상성입니다. 오늘날과 같이 급변하는 환경 속에서 살아남기 위해서는 우리의 삶을 때로는 익숙한 습관으로 무장하여 안정성을 확보하고, 때로는 낯선 새로움에 도전하는 창의성을 발휘하는 전략이 필요합니다. 이는 마치 "습관은 인생의 닻과 같고, 창의성은 인생의 돛과 같다."는 말처럼, 우리 인생에서 습관과 창의성이 각각 중요한 역할을 담당하고 있음을 의미합니다.

이 절에서는 사회 발전의 핵심요소인 습관, 재미, 의미, 창의의 순환적 과정과 다음을 추구하는 인간의 본성에 대해서 알아봅니다. 그리고 「창조하는 뇌」의 저자 이글먼과 브란트가 소개한 익숙함과 낯섦의 절충시스템을 참고로 하여 안정적인 습관과 혁신적인 창의성의 균형과 조화를 살펴보겠습니다. 습관이라는 닻으로 우리 인생에 안정을 주는 동시에, 창의성이라는 돛을 통해 새로운 가능성의 바다로 나아갈 수 있는 방법을 모색해 보겠습니다.

습관, 재미, 의미, 창의의 순환과정

우리 사회는 개인과 공동체가 상호작용하며 발전해 나가는 유기적인 시스템입니다. 이 발전의 과정에는 습관, 재미, 의미, 창의라는 네 가지 핵심요소가 순환적으로 작용하고 있습니다. 이들 간의 역동적 관계를 이해하는 것은 개인의 성장과 사회의 진보를 위해 매우 중요합니다.

먼저, 습관은 반복적인 행동을 통해 형성되는 익숙함의 패턴입니다. 우리는 노력과 연습을 통해 특정 행동을 습관화함으로써 안정성과 효율성을 얻습니다. 이렇게 형성된 습관은 일상생활에서 예측 가능성을 제공하고, 이는 궁극적으로 재미로 이어집니다. 습관화된 행동에서 오는 익숙함은 우리에게 즐거움과 만족감을 선사하기 때문입니다.

재미는 단순한 즐거움을 넘어 호기심과 탐구심을 자극하는 원동력이 됩니다. 우리는 재미를 추구하는 과정에서 새로운 지식과 경험을 얻게 되고, 이는 곧 의미를 발견하는 계기가 됩니다. 공부와 학습을 통해 습득한 지식은 우리에게 세상을 이해하는 새로운 관점을 제공하고, 이는 개인적·사회적 가치를 발견하는 데 기여합니다.

의미는 우리가 습득한 지식과 경험을 토대로 형성되는 가치관과 신념체계입니다. 의미를 발견한다는 것은 단편적인 정보들을 유기적으로 연결하고, 그 속에서 높은 차원의 통찰을 끌어내는 과정입니다. 이렇게 형성된 의미는 창의로 이어지는 토대가 됩니다. 창의는 기존의 요소들을 새롭게 조합하고 배열하여 혁신적인 아이디어와 솔루션을 만들어 내는 능력입니다.

창의는 사회발전의 핵심 동력이라고 할 수 있습니다. 창의적 사고를 통해 우리는 기존의 문제에 대한 새로운 해결책을 제시하고, 미래를 예측하고 대비할 수 있게 됩니다. 급변하는 환경 속에서 생존하고 번영하기 위해서는 창의적 적응력이 필수적입니다. 특히 오늘날과 같이 불확실성이 높은 시대에는 창의성이 개인과 조직, 나아가 사회 전체의 회복력을 결정하는 요인이 됩니다.

하지만 창의로 끝나는 것이 아니라, 창의를 통해 만들어진 새로운 아이디어와 솔루션은 다시 습관으로 내재화되어야 합니다. 창의적 산물이 일상에서 실천되고 적용되기 위해서는 반복과 연습을 통한 습관화가 필요한 것입니다. 이렇게 습관으로 정착된 창의적 행동은 다시 재미와 의미를 생성하는 선순환 구조를 형성합니다.

이 순환과정에서 우리는 과학의 교훈을 되새길 필요가 있습니다. 코로나19 팬데믹은 인간사회의 지혜만으로는 통제할 수 없는 영역이 존재한다는 것을 보여주었습니다. 우주의 법칙은 과학적 지식을 통해서만 이해할 수 있으며, 이는 곧 우리의 생존과 직결되는 문제입니다. 따라서 우리는 습관과 재미 수준에만 그치지 않고, 치열한 공부와 연구를 통해 지식을 축적해야 합니다. 이렇게 쌓인 지식을 창의적으로 활용할 때 우리는 변화에 유연하게 대처할 수 있는 역량을 갖추게 됩니다.

결국, 사회발전은 개인과 공동체가 습관, 재미, 의미, 창의의 선순환 고리를 이어가는 과정이라고 할 수 있습니다. 이 과정에서 우리는 안정과 변화, 지속성과 혁신 사이의 균형을 추구해야 합니다. 습관을 통해 안정적인 기반을 마련하고, 재미를 통해 동기부여를 얻으며, 의미를 발견함으로써 가치를 정립하고, 창의를 발휘하여 변화를 끌어내야 합니다. 그리고 이 모든 과정의 토대에는 과학적 지식과 합리적 사고가 자리 잡고 있어야 합니다.

개인의 차원에서 이러한 순환고리를 강화하는 것이 중요하지만, 사회 전반에 이를 확산시키는 것도 필수적입니다. 교육 시스템, 조직문화, 사회정책 등 다양한 영역에서 습관, 재미, 의미, 창의의 가치를 인식하고 이를 육성하기 위한 노력이 요구됩니다. 개개인의 창의적 잠재력을 일깨우고, 이를 사회적 혁신으로 연결하는 선순환 구조를 만드는 것이 우리 모두의 과제라고 할 수 있습니다.

습관, 재미, 의미, 창의는 개별적으로도 중요한 가치를 지니지만,

이들이 유기적으로 상호작용할 때 비로소 사회발전의 원동력이 될 수 있습니다. 우리는 이 네 가지 요소의 역동적 관계를 이해하고, 균형과 조화를 이루어 나가야 합니다. 이를 통해 우리는 개인의 성장과 사회의 번영을 끌어낼 수 있을 것입니다. 안정과 변화, 지속성과 혁신이 공존하는 사회, 그것이 바로 우리가 지향해야 할 발전의 모습입니다.

인간 본성, 그것 다음은 무엇일까?

인간의 본성 중 가장 두드러진 특징 중 하나는 "다음"을 추구하는 경향입니다. 이는 단순히 미래에 대한 호기심이나 변화에 대한 욕구를 넘어서는, 우리 존재의 핵심적인 부분입니다. 이러한 성향은 인류의 진화와 발전 과정에서 중요한 역할을 해왔으며, 개인과 사회의 성장을 이끄는 원동력이 되어왔습니다.

'다음'을 추구하는 본성은 여러 가지 형태로 나타납니다. 가장 기본적인 수준에서, 이는 생존과 직결된 욕구로 표현됩니다. 우리 조상들은 끊임없이 보다 좋은 사냥터와 거주지를 찾아 이동했고, 이는 현대인의 삶에서도 더 좋은 직장이나 생활환경을 추구하는 모습으로 이어집니다. 이러한 행동은 단순히 현재의 불만족 때문만이 아니라, 잠재적으로 더 나은 미래에 대한 기대와 희망에서 비롯됩니다.

지적인 차원에서, '다음'을 추구하는 본성은 끊임없는 학습과 탐구의 욕구로 나타납니다. 인간은 본질적으로 호기심이 많은 존재이며, 새로운 지식과 경험을 갈망합니다. 이는 개인적 성장뿐만 아니라 과학, 기술, 예술 등 모든 분야의 발전을 이끄는 원동력이 됩니다. 우리는 항상 "그것 다음은 무엇일까?"라는 예견적 질문을 던지며, 이를 통해 인류의 지식 영역을 확장해 나갑니다.

감정적인 측면에서, '다음'을 추구하는 본성은 더 나은 감정상태나 경험을 향한 욕구로 표현됩니다. 우리는 항상 더 큰 행복, 더 깊은 만족감, 더 강렬한 경험을 추구합니다. 이는 개인의 성장과 자아실현을 위한 노력으로 이어지며, 때로는 위험을 감수하거나 편안한 현재 상태를 벗어나는 용기를 필요로 합니다.

사회적 차원에서, 이러한 본성은 집단적 진보와 발전의 원동력이 됩니다. 인류 역사상 모든 중요한 사회적·정치적 변화는 현재상태에 만족하지 않고 '다음' 단계를 추구한 사람들의 노력에 의해 이루어졌습니다. 민주주의의 발전, 인권 신장, 환경보호 운동 등은 모두 더 나은 미래를 향한 집단적 열망의 결과입니다.

그러나 우리는 '다음'을 추구하는 본성이 가진 양면성에 대해서도 주목해야 합니다. '다음'에 대한 열망이 우리를 성장과 발전으로 이끌기도 하지만, 지나친 집착은 현재의 소중함을 잃게 만들 수 있습니다. 따라서 우리에게는 '현재'와 '다음' 사이의 지혜로운 균형이 필요합니다.

우리가 추구하는 '다음'은 단순한 변화가 아닌, 보다 나은 자신과 세상을 위한 것이어야 합니다. 이를 위해서는 개인의 성찰과 사회적 책임감이 수반되어야 합니다. 결국, '다음'을 추구하는 우리의 본성은 현재와의 조화 속에서 가장 아름답게 꽃필 수 있을 것입니다. 우리는 현재에 충실하되 더 나은 미래를 향한 비전을 잃지 않는 태도로, 인간으로서의 잠재력을 실현하고 인류의 지속 가능한 발전에 기여할 수 있을 것입니다.

인간 본성, 습관 그리고 창의성

'다음'을 추구하는 본성은 또한 인간의 창의성과 혁신 능력의 근간이 됩니다. 현재의 한계에 만족하지 않고 새로운 가능성을 모색하는 성향은 예술, 과학, 기술 분야의 혁명적인 발전을 이끌어왔습니다. 이는 개인의 차원을 넘어 인류 전체의 진보를 가능하게 하는 핵심 요소입니다.

더불어, '다음'을 추구하는 본성은 인간의 회복력과 적응력의 원천이 됩니다. 어려움이나 실패에 직면했을 때, 우리는 '다음'에 대한 희망을 통해 현재의 고난을 극복할 수 있는 힘을 얻습니다. 이러한 성향은 개인과 사회가 변화하는 환경에 적응하고 새로운 도전을 극복하는 데에 필수적입니다.

이러한 본성을 습관과 창의성의 차원에서 좀 더 깊이 있게 살펴보면, 이들이 역동적으로 상호작용하며 인간의 성장과 발전에 기여하는 모습을 발견할 수 있습니다. 습관은 반복적인 행동을 통해 형성되며, 에너지를 절약하고 일상적인 과제를 효율적으로 수행할 수 있게 해줍니다. 이는 창의성을 발현할 수 있는 안정적인 기반을 제공합니다. 예를 들어, 작가가 매일 일정시간 글쓰기를 하는 습관을 들이면, 이를 토대로 더욱 창의적인 작품을 생산할 수 있게 됩니다.

반면 창의성은 새로운 아이디어를 생성하고 문제를 혁신적으로 해결하는 능력으로, 기존의 습관에 도전하고 이를 변화시키는 원동력이 됩니다. 창의적인 통찰을 통해 우리는 더 나은 습관을 형성하고, 이는 다시 창의성의 발현을 촉진하는 선순환을 만들어냅니다. 이러한 습관과 창의성의 조화로운 발현은 개인의 성장과 사회의 발전을 위해 매우 중요합니다.

그러나 습관과 창의성의 균형을 유지하는 것은 쉽지 않은 과제입니다. 과도한 습관화는 정체성으로 이어질 수 있으며, 무분별한 창의성의 추구는 혼란을 야기할 수 있습니다. 따라서 개인과 조직은 안정성과 효율성을 추구하는 동시에 변화와 혁신을 위한 노력을 기울여야 합니다. 이를 위해서는 습관과 창의성의 중요성을 인식하고, 이들을 조화롭게 발전시키기 위한 의식적인 노력이 필요할 것입니다.

이와 마찬가지로 '다음'을 추구하는 인간의 본성이 항상 긍정적인 결과만을 가져오는 것은 아닙니다. 때로는 현재의 가치를 소홀히 하거나, 지나친 변화추구로 인해 안정성을 해칠 수 있습니다. 또한, 개인이나 사회가 '다음'에 대한 집착으로 인해 현재의 문제를 간과하거나 해결하려는 노력을 등한시할 수도 있습니다. 따라서 우리는 '다음'을 추구하는 본성의 긍정적인 면을 발휘하되, 그 한계와 부작용에 대해서도 인식할 필요가 있습니다.

이러한 균형 잡힌 시각을 바탕으로, 우리는 '다음'을 추구하는 본성을 보다 건설적이고 긍정적인 방향으로 발현시킬 수 있을 것입니다. 습관의 힘을 바탕으로 안정적인 성장을 이루는 한편, 창의성을 통해 끊임없이 새로운 가능성을 모색하는 개인과 사회를 만들어 갈 수 있습니다. 이는 단순히 변화를 위한 변화가 아닌, 진정한 발전과 진보를 위한 노력이 될 것입니다.

결론적으로, '다음'을 추구하는 인간의 본성은 습관과 창의성의 조화로운 발현을 통해 우리를 성장과 발전으로 이끄는 원동력이 됩니다. 이 과정에서 우리는 현재에 안주하지 않고 끊임없이 새로운 가능성을 모색하게 되지만, 동시에 현재의 삶의 가치를 소중히 여기는 지혜 또한 필요합니다. 나아가 '다음'을 추구하는 본성의 부정적인 측면과 한계에 대해서도 인식하고, 이를 극복하기 위해 노력해야 합니다. 이러한 균형 잡힌 태도야말로 인간다운 삶을 영위하고, 개인과 사회의 지속 가능한 발전을 이끄는 열쇠가 될 것입니다.

이용과 탐구의 절충시스템

인간의 행동과 의사결정은 복잡하고 다양한 요인들의 상호작용에 의해 결정됩니다. 뇌과학자 이글먼과 브란트의 저서 「창조하는 뇌」에서 이러한 인간행동의 근원을 이해하기 위한 통합적인 접근법으로 '이용과 탐구의 절충시스템'을 제안합니다. 이 시스템은 우리의 행동이 기존의 지식과 경험을 활용하는 '이용'과 새로운 가능성을 모색하는 '탐구'라는 두 가지 상반된 경향 사이의 절충을 통해 결정된다는 것을 설명합니다. 이는 우리가 알아보고 있는 습관과 창의성의 상관관계에 커다란 시사점을 주고 있어 간략하게 요약해서 소개하겠습니다.

이용$_{exploitation}$은 우리가 이미 알고 있는 것, 익숙한 것, 그리고 과거에 효과적이었던 것을 활용하는 경향을 말합니다. 이는 습관, 루틴, 그리고 검증된 문제해결 전략 등을 포함합니다. 이용은 안정성, 효율성, 그리고 예측 가능성을 제공하며, 일상생활에서 많은 부분을 차지합니다. 우리는 이용을 통해 에너지를 절약하고, 신속하게 의사 결정을 내릴 수 있습니다.

반면 탐구exploration는 새로운 가능성을 모색하고, 혁신적인 해결책을 찾으며, 미지의 영역을 개척하는 경향을 나타냅니다. 탐구는 호기심, 창의성, 그리고 위험 감수와 관련이 있습니다. 탐구를 통해 우리는 기존의 한계를 뛰어넘고, 새로운 지식과 기회를 발견할 수 있습니다. 그러나 탐구는 불확실성과 실패의 가능성을 내포하며, 즉각적인 보상을 보장하지 않습니다.

이글먼과 브란트는 이용과 탐구가 상호 배타적인 것이 아니라, 오히려 상호 보완적인 관계에 있다고 주장합니다. 우리 뇌는 이 두 가지 경향 사이에서 끊임없이 절충trade-off하며, 상황에 따라 적절한 균형을 찾아갑니다. 이 균형은 개인의 성격, 환경, 그리고 목표에 따라 다르게 나타날 수 있습니다.

예를 들어, 안정적이고 예측 가능한 환경에서는 이용이 더 효과적일 수 있습니다. 반면, 급변하는 환경이나 새로운 도전에 직면했을 때는 탐구가 필수적입니다. 또한, 개인의 성향에 따라 이용과 탐구의 비중이 다를 수 있습니다. 어떤 사람들은 안정성과 효율성을 중시하는 반면, 다른 사람들은 새로운 경험과 도전을 추구합니다.

하지만 이글먼과 브란트는 장기적인 성공과 적응을 위해서는 이용과 탐구의 적절한 조화가 필요하다고 강조합니다. 과도한 이용은 정체와 기회상실로 이어질 수 있으며, 지나친 탐구는 불안정과 비효율을 초래할 수 있기 때문입니다. 따라서 개인과 조직은 상황에 맞게 이용과 탐구의 균형을 조절하고, 이를 통해 안정성과 성장, 효율성과 혁신을 동시에 추구해야 합니다.

이러한 이용과 탐구의 절충시스템은 다양한 영역에 적용될 수 있습니다. 예를 들어, 비즈니스에서는 기존의 성공 모델을 활용하는 동시에 새로운 시장과 기회를 모색해야 합니다. 교육 분야에서는 검증된 교수법을 바탕으로 하되, 혁신적인 접근과 창의성을 장려해야 합니다. 개인의 삶에서도 일상적인 루틴과 안정성을 유지하는 한편, 새로운 경험과 도전을 통해 성장을 도모할 수 있습니다.

실제로, 많은 성공적인 기업과 개인들은 이용과 탐구의 조화로운 발현을 통해 탁월한 성과를 거두고 있습니다. 예를 들어, 애플은 혁신적인 제품 개발(탐구)과 효율적인 기존 공급망 관리(이용)를 병행하여 세계적인 기업으로 성장했습니다. 또한, 아인슈타인은 기존의 물리학 이론(이용)을 바탕으로 하면서도, 혁명적인 아이디어(탐구)를 통해 새로운 패러다임을 제시할 수 있었습니다. 이처럼 이용과 탐구의 적절한 조화는 개인과 조직의 성공에 핵심적인 역할을 합니다.

요약하면, 이글먼과 브란트의 '이용과 탐구의 절충 시스템'은 인간 행동의 복잡성을 이해하고, 개인과 사회의 발전을 위한 통찰을 제공합니다. 이 시스템은 우리에게 익숙함과 낯섦, 즉 안정과 변화, 효율과 혁신 사이의 균형을 추구할 것을 제안하며, 이를 통해 적응적이고 보다 창조적인 삶을 영위할 수 있음을 시사합니다.

이용과 탐구의 조화로운 발현은 개인의 성장뿐만 아니라, 조직과 사회의 지속 가능한 발전을 위해서도 필수적인 요소라 할 수 있을 것입니다. 우리 각자가 이 시스템의 원리를 이해하고 내재화한다면, 보다 균형 잡힌 삶을 살아가는 동시에 개인과 사회의 발전에 기여할 수 있을 것입니다.

4. 창의성 향상 위한 습관 쌓기

변화의 흐름 앞에 머뭇거리면 그만한 댓가를 치릅니다. 과거는 신성불가침한 것이 아니라 새로움을 창조하는 토대입니다. 현재 완전하게 보이는 것을 혁신하고, 현재 좋아하는 것을 변화시켜야 합니다. 세상에는 갑자기 하늘에서 뚝 떨어진 발명이란 존재하지 않습니다. 우리는 과거를 탐사하고, 체굴하고, 정제하고, 세공하여 가치있는 미래를 만들어내는 것입니다.

절차탁마切磋琢磨라는 중국 고사성어가 있습니다. 이는 옥을 만드는 4가지 공정을 나타내는 말로, 자르고(切), 썰고(磋), 쪼아내고(琢), 갈아내는(磨) 과정을 통해 원석을 아름다운 옥으로 가공하는 것을 의미합니다. 첫 단계는 옥을 원석에서 분리하기 위해 옥의 모양대로 자르는 것(切)입니다. 두 번째 공정은 썬다는 뜻의 차(磋)로 내가 원하는 모양으로 옥을 썰어내는 과정입니다. 세 번째 공정은 쫀다는 뜻의 탁(琢)으로 도구로 옥을 모양대로 쪼아내는 과정이고, 네 번째 공정은 간다는 뜻의 마(磨)로 완성된 옥을 갈고 닦는 과정입니다. 이러한 절차탁마의 과정을 거쳐 비로소 빛나는 옥이 완성되는 것입니다.

창의성도 이와 유사한 과정을 통해 발현된다고 생각합니다. 우리의 기억 속에 깃들어 있는 지식, 경험, 감정 등을 절차탁마하여 새로운 아이디어와 통찰을 만들어 내는 것이 바로 창의성의 본질입니다. 기존의 것을 단순히 모방하는 것이 아니라, 그것을 재해석하고 재구성하여 새로운 가치를 창출해내는 것이 창의적 사고의 핵심이라 할 수 있습니다.

이 절에서는 창의성을 구성하는 원재료가 무엇인지 살펴보고, 생각의 공간인 꿈과 창의성의 연관관계에 대해 알아보고자 합니다. 또한 일상 속에서 실천할 수 있는 창의성 향상 방안에 대해 모색해 보겠습니다.

창의성의 원재료는 기억이다.

기억은 인간의 정신활동에 있어 가장 기본적이면서도 핵심적인 요소입니다. 우리가 경험하고 학습한 모든 것은 기억의 형태로 저장되어 있으며, 이는 우리의 사고와 행동의 토대가 됩니다. 창의성은 이러한 기억을 바탕으로 새로운 아이디어와 개념을 만들어내는 능력이라고 할 수 있습니다.

기억의 특성 중 하나는 연합성입니다. 우리의 뇌는 서로 다른 기억들을 연결하고 조합하는 능력이 있습니다. 이러한 연합 과정에서 전혀 새로운 아이디어가 탄생할 수 있습니다. 예를 들어, 레오나르도 다 빈치는 새가 날아다니는 것을 관찰한 기억과 인간의 신체구조에 대한 지식을 결합하여 비행 기계의 개념을 고안해 냈습니다. 이처럼 다양한 분야의 기억들이 창의적으로 연결될 때, 혁신적인 발상이 가능해집니다.

또 다른 기억의 특성은 가소성입니다. 우리의 기억은 고정된 것이 아니라 새로운 경험과 정보에 의해 지속적으로 변화하고 재구성됩니다. 이러한 가소성은 창의적 사고의 핵심요소입니다. 기존의 지식과 경험이 새로운 관점과 결합될 때, 독창적인 아이디어가 생성될 수 있기 때문입니다. 따라서 우리는 끊임없이 새로운 경험을 추구하고, 기존의 지식을 유연하게 바라볼 필요가 있습니다.

기억의 선택성 또한 창의성과 밀접한 관련이 있습니다. 우리의 뇌는 모든 정보를 동등하게 저장하지 않고, 중요하거나 흥미로운 정보를 선별적으로 기억합니다. 이러한 선택적 기억은 개인의 독특한 관점과 아이디어를 형성하는 데 기여하며, 이는 창의적 표현의 근간이 됩니다. 따라서 자신만의 관심사와 가치관을 바탕으로 세상을 바라보는 것이 창의성 계발에 도움이 될 수 있습니다.

하지만 기억만으로는 창의성이 완성되지 않습니다. 창의성은 기억을 재구성하고, 새로운 맥락에서 해석하며, 기존에 없던 연결을 만들어 내는 과정입니다. 이를 위해서는 비판적 사고, 문제해결 능력, 상상력 등 다양한 인지기능이 요구됩니다. 또한 때로는 고정관념이나 편견으로 작용할 수 있는 기존의 기억을 의도적으로 무시하거나 재해석하는 과정이 창의적 돌파구를 마련할 수 있습니다.

따라서 창의성 증진을 위해서는 다음과 같은 노력이 필요합니다. 첫째, 다양한 경험을 통해 기억의 저장용량을 늘려야 합니다. 독서, 여행, 대화 등을 통해 폭넓은 지식과 경험을 쌓는 것이 중요합니다. 양量은 임계치를 넘어야 질質로 바뀌어진다는 것을 명심해야 합니다. 둘째, 사고의 유연성을 키워야 합니다. 고정관념에서 벗어나 사물을 다양한 관점에서 바라보는 연습이 필요합니다. 셋째, 기억을 자유롭게 연결하고 조합하는 능력을 기르는 것이 중요합니다. 마인드맵이나 브레인스토밍 같은 기법을 활용하여 창의적 사고를 촉진할 수 있습니다.

종합하면, 기억은 창의성의 필수적인 원재료이지만 그 자체로는 창의성을 발휘하는 데에 충분하지 않습니다. 풍부하고 다양한 기억을 바탕으로, 이를 유연하게 재구성하고 새로운 방식으로 조합하는 능력이 진정한 창의성의 핵심이라고 할 수 있습니다. 우리 모두가 이러한 노력을 통해 창의적인 삶을 영위할 수 있기를 기대합니다.

꿈은 기억을 재배열한다.

수면은 크게 두 가지 종류로 나뉩니다. 하나는 노래 속 잠자는 숲속의 공주처럼 깊고 조용한 잠을 자는 비렘수면(NREM), 다른 하나는 눈동자가 분주히 움직이며 꿈이 활발하게 펼쳐지는 렘수면(REM)입니다. 비렘수면 동안에는 뇌의 활동이 느려지고 규칙적인 리듬을 보이는 한편, 렘수면에서는 마치 깨어 있을 때처럼 뇌가 활발하게 활동합니다. 우리가 꿈을 꾸는 것은 주로 이 렘수면 단계에서 이루어집니다. 이 두 가지 수면상태는 약 90분을 주기로 반복되며, 밤새 4~5회 정도 순환합니다.

꿈을 꾸는 동안에는 뇌의 여러 영역이 활발히 작동합니다. 특히 감정과 본능을 관장하는 변연계와 시상하부가 활성화되는 반면, 이성적 사고와 판단을 담당하는 전두엽의 활동은 줄어듭니다. 이런 독특한 뇌 활동 패턴 덕분에 우리는 꿈속에서 기이하고 비현실적인 장면들을 맞닥뜨리게 됩니다. 또한 꿈을 꾸는 동안에는 낮 동안 경험한 기억들이 뒤섞이고 변형되어, 새로운 이야기가 탄생하기도 합니다.

하지만 꿈은 단순한 뇌의 장난이 아닙니다. 꿈은 우리의 기억을 정리하고, 감정을 조절하며, 문제 해결력을 높이는 데 중요한 역할을 합니다. 운동 기술을 연습하는 과정에서도 꿈이 도움을 줍니다. 잠들어 있는 동안 머리가 고정되어 있어 어지럽지 않기 때문에, 낮에 배운 동작을 꿈속에서 반복하며 몸에 익힐 수 있습니다. 뿐만 아니라, 꿈은 수많은 기억들 중에서 중요한 것들을 골라내어 강화하고, 불필요한 것들은 버리는 역할도 합니다. 꿈속에서 겪은 감정들은 현실의 스트레스를 해소하고 마음의 균형을 되찾는 데도 일조합니다.

이처럼 꿈은 단순한 환상의 산물이 아니라, 기억과 감정, 욕망이 빚어낸 정교한 정신적 작품입니다. 잠들어 꿈꾸는 동안 우리의 뇌는 낮 동안의 경험을 재구성하고, 감정을 재조정하며, 놀라운 창의력을 발휘합니다. 이 신비로운 꿈의 세계를 기록하고 탐구하다 보면 어느새 우리는 한층 성장한 자신을 만나게 될 것입니다. 꿈은 우리에게 주어진 또 하나의 삶이자, 내면의 진실과 만나는 놀라운 모험이 아닐까요?

꿈은 창의성 발원지

꿈과 창의성은 서로 밀접하게 연관된 개념들로, 꿈이 창의성에 미치는 영향을 이해하는 것은 창의적 사고능력을 키우는 데 중요합니다. 꿈은 우리의 무의식이 활동하는 동안 발생하며, 창의성은 이러한 무의식적 요소를 새로운 방식으로 결합하고 변형하여 혁신적인 아이디어와 해결책을 도출하는 능력입니다. 꿈과 창의성이 어떻게 연결되고 상호작용하는지 살펴보겠습니다.

꿈은 창의성의 중요한 원천 중 하나입니다. 꿈은 우리의 무의식을 탐구할 수 있는 통로이며, 이는 창의적인 영감의 원천이 될 수 있습니다. 꿈은 종종 우리가 의식적으로 생각하지 못했던 문제의 해결책이나 새로운 아이디어를 제시합니다. 예를 들어, 과학자 프리드리히 케쿨레Friedrich Kakulé는 꿈을 통해 벤젠 분자의 고리 구조를 발견했다고 합니다. 예술 분야에서도 비틀즈의 멤버인 폴 매카트니Paul McCartney는 'Yesterday'를 꿈에서 작곡했다고 하며, 초현실주의 화가 살바도르 달리Salvador Dali는 꿈과 환상을 작품에 반영하였습니다.

꿈은 무의식적 욕구와 감정을 표현하는 창구역할을 합니다. 프로이트Freud와 융Gustav Jung과 같은 정신분석학자들은 꿈이 억압된 욕망과 무의식적 갈등을 상징적으로 표현한다고 주장했습니다. 이러한 관점에서 꿈은 우리의 내면세계를 탐험하는 수단이 되며, 이는 예술적 창작이나 문제해결에 있어 새로운 영감의 원천이 될 수 있습니다.

창의성은 꿈을 재해석하고 새로운 의미를 부여하는 과정에서 발휘됩니다. 창의적인 사람들은 종종 자신의 꿈을 독특한 방식으로 해석하고 표현합니다. 이 과정에서 개인의 경험과 문화적 배경, 그리고 상상력이 결합되어 새로운 아이디어나 작품이 탄생하게 됩니다. 예를 들어, 작가들은 꿈에서 받은 영감을 바탕으로 소설을 창작하고, 예술가들은 꿈의 이미지를 작품에 반영합니다.

꿈과 창의성은 모두 개인의 정체성과 자아 형성에 기여합니다. 꿈은 우리의 내면세계를 탐험하고 이해하는 과정이며, 창의성은 이러한 내적 요소들을 독특한 방식으로 표현하고 세상과 소통하는 수단이 됩니다. 이는 개인마다 다양한 형태로 나타날 수 있는데, 그 차이는 유전적 요인, 성격, 교육, 문화 등 복합적인 요인에 의해 결정됩니다. 따라서 창의성을 계발하기 위해서는 다음과 같은 전략을 고려해 볼 수 있습니다.

첫째, 나의 삶은 두 가지 공간으로 나뉩니다. 감각으로 경험하는 현실공간과 생각으로 이루어진 꿈의 공간입니다. 꿈을 기록하고 분석하는 습관을 들이면, 삶의 공간이 하나 더 추가되어 기존보다 두 배로 확장됩니다. 꿈 일기를 쓰고 꿈에 대해 깊이 생각하는 과정은 무의식의 세계를 탐험하고, 창의적인 영감을 얻는 데 큰 도움이 될 수 있습니다.

둘째, 확산적 사고와 자유연상 등 창의적 사고기법을 연습하여 꿈의 요소들을 새로운 방식으로 결합하는 능력을 기를 수 있습니다. 브레인스토밍이나 마인드맵 등의 기법을 활용하여 꿈에서 받은 영감을 확장하고 발전시킬 수 있습니다.

셋째, 자신만의 생각과 감정을 표현할 수 있는 글쓰기, 그림, 음악 등의 창의적 활동을 꾸준히 실천하는 것이 중요합니다. 이러한 활동은 꿈의 이미지와 상징을 구체화하고 예술적으로 승화시키는 데 도움이 됩니다.

넷째, 열린 마음으로 다양한 관점을 수용하고, 실패를 두려워하지 않는 자세를 갖는 것이 창의성 발현에 도움이 될 수 있습니다. 꿈은 때로 기존의 사고방식을 벗어난 독특한 발상을 제공하므로, 이를 수용하고 발전시킬 수 있는 유연한 태도가 필요합니다.

우리는 이러한 노력을 통해 꿈과 창의성의 선순환을 끌어내고, 개인의 창의적 잠재력을 최대한 발휘할 수 있을 것입니다. 꿈은 창의성의 원천이자 우리 내면의 보물창고와 같습니다. 이 신비로운 세계를 탐험하고 가꾸는 일은 자아실현의 여정이자 인류 문화 발전에 기여하는 소중한 과정이 될 것입니다.

하나의 주제, 다양한 변주곡

우리의 뇌는 하나의 주제나 아이디어를 중심으로 다양한 사고의 변주를 만들어냅니다. 마치 작곡가가 주제를 변주하듯, 뇌는 한 가지 개념이나 문제를 다각도로 분석하고 변형하여 풍부하고 창의적인 사고를 이끌어냅니다. 이는 뇌의 사고 과정이 단선적이거나 고정된 것이 아니라, 역동적이고 다면적이며 확장성을 지닌다는 점을 시사합니다.

이러한 창의적 사고의 과정은 데이비드 이글먼과 앤서니 브란트의 저서 「창조하는 뇌」에서 제시된 '휘기Bending', '쪼개기Breaking', '섞기Blending'의 전략으로 설명될 수 있습니다.

첫째, 휘기Bending는 기존의 아이디어나 기억을 새로운 방식으로 변형하고 재해석하는 과정입니다. 예를 들어, 애플의 디자이너 조너선 아이브는 일상적인 사물에서 영감을 받아 제품 디자인에 적용했습니다. 맥북 에어의 얇고 가벼운 디자인은 종이봉투에서, 아이맥의 단순하고 세련된 형태는 전구에서 영감을 받은 것으로 알려져 있습니다. 이처럼 휘기는 기존 아이디어의 형태나 속성을 변형하여 새로운 맥락에 적용하는 것입니다.

둘째, 쪼개기Breaking는 복잡한 문제나 시스템을 더 작고 단순한 요소로 분해하는 것을 의미합니다. 헨리 포드가 자동차 생산과정을 세분화된 공정으로 나누어 조립 라인을 도입한 것이 대표적인 예시입니다. 이를 통해 자동차 생산의 효율성이 획기적으로 향상되었습니다. 또한 구글의 검색 알고리즘은 복잡한 인터넷 정보를 색인화, 분류, 순위 매김 등의 단계로 나누어 처리함으로써 사용자에게 최적의 검색 결과를 제공합니다.

셋째, 섞기Blending는 서로 다른 아이디어나 기억을 결합하여 새로운 발상을 이끌어내는 과정입니다. 성심당의 튀김 소보로는 기존의 소보로와 한국의 대표적인 요리법인 튀김을 결합한 것으로, 두 요소의 장점을 살려 부드러운 식감과 바삭한 식감을 동시에 느낄 수 있는 새로운 빵을 탄생시켰습니다. 또한 스티브 잡스Steve Jobs가 서체 디자인과 컴퓨터를 접목시켜 애플의 혁신적인 그래픽 사용자 인터페이스(GUI)를 개발한 것도 섞기의 사례라 할 수 있습니다.

이러한 창의적 사고 전략은 과학과 기술의 발전에서도 핵심적인 역할을 해왔습니다. 과학사를 살펴보면 과학적 진보의 속도가 점점 더 빨라지고 있음을 알 수 있습니다. 농업혁명에서 산업혁명까지는 약 11,000년이 걸렸지만, 산업혁명에서 전구발명까지는 120년, 전구발명에서 달 착륙까지는 90년, 달 착륙에서 인터넷 보급까지는 22년, 인터넷 보급에서 인간 게놈프로젝트 완료까지는 불과 9년밖에 걸리지 않았습니다. 이는 과학자들이 기존 지식을 창의적으로 '휘고', '쪼개고', '섞으면서' 새로운 발견과 발명을 이루어 냈기에 가능한 것이었습니다.

이처럼 창의적 사고 전략을 효과적으로 활용하기 위해서는 풍부한 지식과 경험의 토대가 필요합니다. 다양한 정보를 습득하고 이를 내재화하는 과정에서 암기는 중요한 역할을 합니다. 하지만 단순 암기보다는 그 내용을 충분히 이해하고 적용해 보는 것이 창의성 발현의 기반이 됩니다. 즉, '휘기, 쪼개기, 섞기'의 전략을 활용할 수 있는 재료로서의 지식과 경험을 축적하는 것이 선행되어야 합니다.

이를 토대로 '휘기, 쪼개기, 섞기'의 전략을 일상생활과 업무에 적극 활용하면서 점차 창의적 사고의 폭을 넓혀갈 수 있습니다. 예를 들어, 마케터는 다양한 산업 분야의 마케팅 기법을 '휘고', '섞어' 새로운 프로모션 아이디어를 개발할 수 있습니다. 또한 프로그래머는 복잡한 문제를 작은 모듈로 '쪼개어' 효율적인 코드를 작성할 수 있습니다. 나아가 끊임없이 질문하고, 새로운 시도를 두려워하지 않는 도전적 자세를 함양한다면 우리의 창의성은 한층 더 성장할 수 있을 것입니다.

결국 창의성이란 고정된 것이 아니라 우리가 일상에서 어떻게 사고하고 행동하느냐에 따라 얼마든지 개발하고 확장시킬 수 있는 역동적인 능력입니다. '휘기, 쪼개기, 섞기'라는 전략을 통해 축적된 지식과 경험을 창의적으로 활용하는 방법을 익혀간다면, 우리는 어떤 문제에 직면하더라도 유연하고 혁신적인 해법을 찾아낼 수 있을 것입니다.

예술가 피카소는 "좋은 예술가는 모방하지만, 위대한 예술가는 훔친다."라고 말했습니다. 여기서 '훔친다'는 것은 단순히 베끼는 것이 아니라, 기존의 아이디어를 창의적으로 변형하고 재해석하여 자신만의 독창적인 작품을 만들어 내는 것을 의미합니다. 이는 '휘기, 쪼개기, 섞기'의 전략을 예술 창작에 적용한 것이라 할 수 있습니다.

우리 모두가 일상 속 작은 것들에서부터 이러한 창의적 사고의 기회를 포착하고 실천해 보는 것은 어떨까요? 요리할 때 새로운 재료 조합을 시도해 보거나, 업무에서 기존방식과 다른 접근법을 모색해 보는 것만으로도 창의성을 발휘할 수 있는 기회가 될 수 있습니다. 그 과정에서 우리는 점차 창의적 문제 해결사로 거듭날 수 있을 것입니다.

세상을 바꾸는 위대한 발명과 혁신은 모두 작은 아이디어에서 시작되었습니다. '휘기, 쪼개기, 섞기'의 전략을 통해 우리 안에 잠재된 창의성의 씨앗을 틔워나간다면, 우리 각자가 세상을 변화시키는 원동력이 될 수 있을 것입니다. 지금부터 우리의 일상을 창의성의 실험실로 만들어 보는 것은 어떨까요? 그 실험의 결과는 우리 자신은 물론, 우리가 속한 사회와 인류의 미래를 보다 풍요롭게 할 것이라 믿습니다.

참고 문헌

- 구도 치아키/김은혜 역, "신경청소 혁명" 2023년, 비타북스
- 김기현, "인간다움" 2023년, 21세기북스
- 김용규, "생각의 시대" 2023년, 김영사
- 닉 채터/김문주 역, "생각한다는 착각" 2023년, ㈜웨일북
- 대니얼 코일/윤미나 외 1인 역, "탤런트 코드" 2023년, 웅진 지식하우스
- 데이비드 바드르/김한영 역, "생각은 어떻게 행동이 되는가" 2022년, 해나무
- 데이비드 이글먼/김승욱 역, "우리는 각자의 세계가 된다" 2023년, RHK
- 데이비드 이글먼 외 1인/엄성수 역, "창조하는 뇌" 2023년, 쌤앤파커스
- 데이비드 펄머트/김성훈 역, "그레인 브레인" 2023년, 시공사
- 데이비드 A. 싱클레어 외 1인/이한음 역, "노화의 종말" 2023년, 부키㈜
- 뎁 다나/박도현 역, "다미주신경 이론" 2023년, 불광출판사
- 도나 잭슨 나카자와/최가영 역, "너무 놀라운 작은 뇌세포 이야기" 2021년, BRONSTEIN
- 러셀 폴드랙/신솔잎 역, "습관의 알고리즘" 2022년, 비즈니스북스
- 로돌포 R. 이나스/김미선 역, "꿈꾸는 기계의 진화" 2019년, 북센스
- 로버트 루트번스타인 외 1인/박종성 역, "생각의 탄생" 2018년, 에코의 서재
- 리사 펠드먼 배럿/최호영 역, "감정은 어떻게 만들어지는가?" 2019년, 생각연구소

- 리사 펠드먼 배럿/변지영 역, "이토록 뜻밖의 뇌과학" 2023년, 더퀘스트
- 리처드 도킨스/홍영남 외 1인 역, "이기적 유전자" 2023년, 을유문화사
- 리처드 파인만/승영조 외 1인 역, "발견하는 즐거움" 2019년, 승산
- 린 마굴리스 외 1인/홍욱희 역, "마이크로 코스모스" 2022년, 김영사
- 마르틴 부버/표재명 역, "나와 너" 2022년, 문예출판사
- 마크 브래킷/임지연 역, "감정의 발견" 2023년, 북라이프
- 마크 험프리스/전대호 역, "스파이크" 2022년, ㈜북하우스 퍼블리셔스
- 박문호, "생명은 어떻게 작동하는가?" 2022년, 김영사
- 박문호, "그림으로 읽는 뇌과학의 모든 것" 2022년 휴머니스트
- 박문호, "박문호 박사의 뇌과학 공부" 2022년, 김영사
- 박문호, "박문호 박사의 빅히스토리 공부" 2022년, 김영사
- 박문호, "뇌, 생각의 출현" 2009년, 휴머니스트
- 박성준, "운의 힘", 2020년, ㈜소미미디어
- 박영배, "그대라는 젊음" 2023년, 책과 강연
- 브라이언 헤어 외 1인/이민아 역, "다정한 것이 살아남는다" 2023년, 디플롯
- 스콧 영/이한이 역, "울트라러닝" 2023년, 비즈니스북스
- 스튜어트 다이아몬드/김태훈 역, "어떻게 원하는 것을 얻는가?" 2022, 세계사
- 스티븐 코비/박재호 외 2인, "성공하는 사람들의 7가지 습관" 1994년, 김영사
- 아닐 세스/장혜인 역, "내가 된다는 것", 2022년, 흐름출판
- 안드레아스 니더/박선진 역, "수학하는 뇌" 2023년, 바다출판사
- 안토니오 다마지오/고현석 역, "느끼고 아는 존재" 2021년, 흐름출판
- 안토니오 다마지오/고현석 역, "느낌의 발견" 2023년, 아르테
- 안토니오 다마지오/김린 역, "데카르트의 오류" 2019년, ㈜눈출판그룹

- 안토니오 다마지오/임지원 역, "스피노자의 뇌" 2023년, 사이언스북스
- 안토니오 자드라 외 1인/장혜인 역, "당신의 꿈은 우연이 아니다" 2023년, 청림출판㈜
- 애나 렘키/김두완 역, "도파민네이션" 2023년, 흐름출판
- 앤드루 뉴버그 외/이충호 역, "신은 왜 우리 곁을 떠나지 않는가?" 2001년, 한울림
- 앤드루 젠킨슨/제효영 역, "식욕의 과학" 2023년, 현암사
- 앤드류 스틸/김성훈 역, "에이지리스" 2021년, BRONSTEIN
- 앤서니 라빈스/이우성 역, "네 안에 잠든 거인를 깨워라" 2006년, 씨앗을 뿌리는 사람
- 앤서니 지/염도준 외 1인, "놀라운 대칭성" 2023년, 범양사
- 양은우, "당신의 뇌는 서두르는 법이 없다" 2020년, ㈜웨일북
- 오봉근, "메타인지, 생각의 기술" 2022년, 원앤원북스
- 올리버 색스/김한영 역, "환각" ㈜알마
- 올리버 색스/김승욱 역, "나는 침대에서 내 다리를 주웠다." 2019년, ㈜알마
- 웬디 우드/김윤재 역, "해빗" 2023년, 다산북스
- 윌리엄 제임스/정명진 역, "심리학의 원리" 2018년, 부글
- 유발 하라리/조현욱 역, "사피엔스" 2023년, 김영사
- 자크 아탈리/이효숙 역, "호모 노마드 유목하는 인간" 2006년, 지식하우스
- 제럴드 에델만/황희숙 역, "신경과학과 마음의 세계" 2020년, 범양사
- 제럴드 에델만/김창대 역, "세컨드 네이처" 2022년, 이음
- 제인 오스틴/전승희 외 1인, "오만과 편견" 2009년, 민음사
- 제임스 클리어/이한이 역, "아주 작은 습관의 힘" 2023년, 비즈니스북스
- 제프 호킨스/이충호 역, "천 개의 뇌" 2023년, 이데아

- 찰스 두히그/강주헌 역, "습관의 힘" 2012년, 갤리온
- 찰스 퍼니휴/장호연 역, "기억의 과학" 2020년, 에이도스
- 최장순, "기획자의 습관" 2018년, ㈜홍익출판사
- 최창조, "최창조의 새로운 풍수 이론" 2009년, 민음사
- 카를로 로벨리/이중원 역, "시간은 흐르지 않는다" 2022년, 쌤앤파커스
- 토머스 키다/박윤정 역, "생각의 오류" 2009년, 열음사
- 톰 콜리/김정한 역, "습관이 답이다" 2023년, 도서출판 이터
- 프리초프 카프라/김용정 외 1인, "현대 물리학과 동양사상" 2010년, 범양사
- 필리프 슈테르처/유영미 역, "제정신이라는 착각" 2023년, 김영사
- 헬레나 크로닌/홍승효 역, "개미와 공작", 2023년, ㈜사이언스북스

[저자 소개]

박영배(朴永培, Young-Bae Park)
1959년 8월 4일생, 010-3877-6438 pyb6438@hanmail.net

학력
- 육군사관학교(38기) 기계공학과
- 한남대학교 대학원, 정책학 박사
- 美, 매릴랜드 대학교 국제분쟁연구소 객원 연구원

주요 경력
- 특공부대 여단장
- 육군 준장 예편
- 전, 금오공과대학교 ICT 융복합과 교수
- 전, 전자통신연구원(ERTI) 부품소재 연구소 연구위원
- 전, 방산 중소기업 대표이사
- 현, 피뎀(주) 대표이사

기타 사항
2002 "창의부분" 육군 참 군인상 수상
2014 대한민국 보국훈장
2023 "그대라는 젊음24" 인문학적 자기계발서 출간

뇌 과학과 습관 디자인

발행일	2024년 11월 30일
저 자	박 영 배
발행인	이 구 만
발행처	유원북스

04091 서울특별시 마포구 토정로 222, 416호
      (신수동, 한국출판콘텐츠센터)
   Tel (02)593-1800   Fax (02)6455-1809
   등록 2011. 9. 6.   제25100-2012-3호
   www.uwonbooks.com   uwbooks@daum.net

편 집   전 충 영
조 판   홍익m&b

ISBN 979-11-6288-205-4 03190
정 가   18,000원